Zum Umschlagsmotiv

Der Autor hat in seinem Bestreben für den Weltfrieden an den unterschiedlichsten Orten Ansprachen gehalten. In diesem Buch sind acht Reden aus acht verschiedenen Stätten abgedruckt. Das Umschlagsmotiv zeigt einige der Orte, in denen er einen Vortrag gehalten hat: Im Capitol in Washington D.C. (USA); im Britischen Parlament, dem House Of Commons, in London; in der Bait-ul-Futuh-Moschee zu London (Vereinigtes Königreich); im Zentrum für Innere Führung der Bundeswehr in Koblenz (hier Symbolbild: Reichstag); im Europäischen Parlament in Brüssel und im Nationalparalament von Neuseeland in Wellington (von links nach rechts).

بِسۡمِ اللّٰہِ الرَّحۡمٰنِ الرَّحِیۡمِ ۝۱

Die Weltkrise und der Weg zum Frieden

Eine Zusammenstellung von Ansprachen und Briefen

Von Hadhrat Mirza Masroor Ahmad[atba]

Fünfter Kalif des Verheißenen Messias[as]

Oberhaupt der Ahmadiyya Muslim Gemeinde

Die Weltkrise und der Weg zum Frieden
von Hadhrat Mirza Masroor Ahmad[atba]

Das Original erschien unter dem Titel:

World Crisis And The Pathway To Peace

Erste deutsche Übersetzung/Auflage 2012
Zweite, überarbeitete und erweitete Auflage 2013
Dritte, überarbeitete und erweiterte Auflage 2014

Verantwortlich für die Veröffentlichung dieses Buches:
© VERLAG DER ISLAM
Genfer Straße 11
D - 60437 Frankfurt am Main
Mehr Informationen unter www.verlagderislam.de

ISBN 978-3-944277-29-5
PRINTED IN GERMANY

Vorwort 10

Einführung 14

Die Weltkrise und der Weg zum Frieden

Ansprachen 21

Die islamische Perspektive auf die Weltkrise 23

Liebe und Loyalität zum Heimatland 43

Auf der Schwelle zum Atomkrieg -
Ein internationaler Aufruf zum Frieden 59

Wege zur Gerechtigkeit -
Der islamische Ansatz zu einer friedlichen Welt 85

Globale Einheit als Schlüssel zum Frieden 113

Können Muslime sich in die westliche Gesellschaft integrieren? 137

Islam - Eine Religion des Friedens und der Barmherzigkeit 157

Weltfrieden - Die dringende Erfordernis unserer Zeit 177

Briefe an die Führer der Welt 195

Brief an Seine Heiligkeit Papst Benedikt den XIV 197

Brief an den Premierminister von Israel 205

Brief an den Präsidenten der Islamischen Republik Iran 213

Brief an den Präsidenten der Vereinigten Staaten von Amerika 219

Brief an den Premierminister von Kanada 225

Brief an den Hüter der Zwei Heiligen Stätten,
König des Königreichs Saudi Arabien 231

Brief an den Premier des Staatsrates der Volksrepublik China 239

Brief an den Premierminister des Vereinigten Königreichs 247

Brief an die Bundeskanzlerin der Bundesrepublik Deutschland 255

Brief an den Präsidenten der Republik Frankreich 263

Brief an Ihre Majestät, die Königin des
Vereinigten Königreichs und des Commonwealth 271

Brief an das Staatsoberhaupt der Islamischen Republik Iran 279

Stichwortverzeichnis 284

Anmerkungen des Herausgebers 292

Zum Autor 294

Vorwort

Die Absicht des Islam ist es, den Menschen zu lehren, wie er Frieden erlangen kann – sowohl mit sich selbst als auch mit seinem Schöpfer. Unter göttlicher Führung begann der Heilige Prophet Muhammad[saw], der Heilige Gründer des Islam, vor 1400 Jahren damit, diese Botschaft der Menschheit zu übermitteln. Er unternahm jede Anstrengung, um sicherzustellen, dass diese Botschaft soweit wie möglich verbreitet wurde, und er machte den außergewöhnlichen Schritt, persönlich den größten Königen und Herrschern seiner Zeit zu schreiben, und versicherte ihnen, dass sie mit Frieden und Wohlstand gesegnet werden würden, wenn sie die Lehren des Islam annähmen.

Heute, in dieser Ära und Zeit, und in Erfüllung der Prophezeiungen des Heiligen Propheten Muhammad[saw], berief Gott Seine Heiligkeit Mirza Ghulam Ahmad[as], einen wahren und äußerst aufrichtigen Diener des Heiligen Propheten[saw], dazu, den Glauben zu regenerieren und in den Herzen der Menschen die Liebe zu Gott zu wecken, so dass sie wieder die Wege des Friedens lernen und vor Zerstörung bewahrt sein mögen.

Die Briefe, die kürzlich von Hadhrat Mirza Masroor Ahmad[aba], dem fünften Nachfolger des Verheißenen Messias[as], an verschiedene Staatsoberhäupter und Weltpolitiker gesandt wurden, sind eine Fortsetzung der Aufgabe, die der Heilige Prophet[saw] vierzehn Jahrhunderte zuvor begonnen hatte.

Seine Heiligkeit ist auch weit gereist, um persönlich jene anzusprechen, die verantwortlich sind für die Führung der größten Nationen in der Welt. Seine Ansprachen und Briefe warnen vor einer herannahenden Weltkrise, welche die natürliche Folge ungerechter und inhumaner Finanz- und Polit-Strategien ist, die unaufhörlich die Spannungen zwischen den Weltvölkern erhöhen.

Die Lösung für das Dilemma der Welt, so sagt Seine Heiligkeit, liegt in Befolgung der Koranischen Lehren der vollkommenen Gerechtigkeit.

Er mahnt die Weltpolitiker, Strategien zu verfolgen, die auf Gleichheit, Gerechtigkeit und religiöser Freiheit basieren, und aufzuhören, Vorgehensweisen zu verfolgen, die mit dem Gedanken kurzsichtigen und kurzweiligen Selbstnutzens ersonnen wurden und auf der ungerechten und unlauteren Ausbeutung schwächerer Nationen und ihrer natürlichen Ressourcen beruhen.
Möge Gott, mit Seiner Gnade und Barmherzigkeit, die Herzen der Menschen dafür öffnen, diese Botschaft anzunehmen. (Amin)
Die Zusammenstellung der originalen englischen Version dieses Buches wurde Herrn Usman Nasir Choudhary aus den USA überantwortet. Er wurde unterstützt von Herrn Salman Sajid, Herrn Abdul Wahab Mirza, Herrn Dr. Waseem Sayed und Frau Maryam Choudhary. Ebenso danke ich für die Hilfe von Herrn Amer Safir, Chefredakteur und Manager der Zeitschrift „The Review of Religions“ und Herrn Omair Aleem, Verantwortlicher für Makhzan-e-Tasaweer (Bildarchiv). Möge Allah sie alle reichlich belohnen. Amin.

Munir-ud-Din Shams
Additional Wakilut Tasnif,
London im August 2012

Zur dritten, überarbeiteten deutschen Ausgabe

In der dritten Ausgabe wurden, der dritten englischen Originalausgabe angepasst, zwei weitere Ansprachen hinzugefügt („Islam - Eine Religion des Friedens und der Barmherzigkeit“ und „Weltfrieden - Die dringende Erfordernis unserer Zeit“).

Die einzelnen Ansprachen wurden von folgenden Personen übersetzt:

- *„Islamische Perspektiven auf die Weltkrise"* von Hadayatullah Hübsch
- *„Liebe und Loyalität zum Heimatland"* von Tariq Hübsch
- *„Auf der Schwelle zum Atomkrieg - Ein internationaler Aufruf zum Frieden"* von Afshan Qureshi und Aisha Ahmad
- *„Wege zur Gerechtigkeit - Der islamische Ansatz zu einer friedlichen Welt"* von Afshan Qureshi und Aisha Ahmad
- *„Die Globale Einheit als Schlüssel zum Frieden"* von Tariq Hübsch
- *„Können Muslime sich in die westliche Gesellschaft integrieren"* von Stefan Härter et al.
- *„Islam - Eine Religion des Friedens und der Barmherzigkeit"*
- *„Weltfrieden - Die dringende Erfordernis unserer Zeit"* von Tariq Hübsch

Vorwort, Einführung, diverse Elemente aus den Ansprachen sowie viele Briefe des Kalifen and die Führer der Welt wurden von Attia-Nuur Ahmad-Hübsch übersetzt. Einige andere Briefe des Kalifen wurden von der Jugendorganisation der Ahmadiyya Muslim Gemeinde, der Khuddam-ul-Ahmadiyya, übersetzt. Lektorat und Satz bewerkstelligte Tariq Hübsch, Layout und Umschlagsgestaltung hat Qamar Mahmood erbracht. Möge Allah sie allesamt segnen.

Mubarak Ahmad Tanveer
Publikationsabteilung Ahmadiyya Muslim Jamaat Deutschland
Frankfurt am Main im Februar 2014

Einführung

Die Welt durchlebt im Moment sehr turbulente Zeiten. Die globale ökonomische Krise fährt darin fort, nahezu jede Woche neue und schwerwiegendere Gefahren zu offenbaren. Die Ähnlichkeiten zu der Zeit kurz vor dem Zweiten Weltkrieg werden immer häufiger angeführt, und es scheint offensichtlich, dass die Ereignisse die Welt mit beispielloser Geschwindigkeit in Richtung eines schrecklichen Dritten Weltkrieges bewegen. Es herrscht ein überwältigendes Gefühl, dass die Dinge in rasendem Tempo außer Kontrolle geraten, und die Menschen suchen nach jemandem, der hervortreten soll, um konkrete, solide Führung anzubieten, in welche sie vertrauen können und die ihr Herz und ihren Verstand gleichermaßen anspricht und ihnen die Hoffnung gibt, dass es einen Weg gibt, der zum Frieden führen kann. Die Konsequenzen eines nuklearen Krieges sind derart katastrophal, dass niemand gar daran zu denken wagen mag.

Hier, in diesem Buch, haben wir jene Richtlinien gesammelt, die Seine Heiligkeit Mirza Masroor Ahmad[aba], Oberhaupt der weltweiten Ahmadiyya Muslim Jamaat, vorgelegt hat. Während der letzten Jahre, als die Ereignisse sich entfalteten, kündigte er der Welt furchtlos an, in welche Richtung sich die Dinge hin entwickelten – nicht, um Alarm zu schlagen, sondern um sie darauf vorzubereiten, darüber nachzudenken, wie die Welt diesen momentanen Zustand erreicht hat und wie sie Unheil abwenden und einen Kurs festlegen kann in Richtung Frieden und Sicherheit für alle Menschen, die in diesem globalen Dorf leben. Er hat offen kundgetan, dass der einzige Weg, um Frieden zu sichern, lautet, dass die Welt Pfade der Demut und Gerechtigkeit einschlägt und sich demütig und gehorsam Gott zuwendet; der Mensch menschlich wird; der Starke den Schwachen mit Würde und Respekt behandelt und der Schwache und Arme auch Dankbarkeit zeigt und sich Wahrhaftigkeit und Rechtschaffenheit aneignet, sowie dass alle

sich ihrem Schöpfer in äußerster Demut und vollkommener Aufrichtigkeit zuwenden.
Wieder und wieder hat er alle und jeden dazu ermahnt, dass der Weg zurück vom Rande des Desasters für Nationen bedeutet, Gerechtigkeit zu einer absoluten Voraussetzung ihrer Interaktionen zu machen. Selbst wenn Feindschaft zwischen ihnen herrscht, müssen sie dennoch Gerechtigkeit wahren, denn die Geschichte hat uns gelehrt, dass dies die einzige Methode ist, um alle Spuren für zukünftige Feindschaften auszulöschen und demzufolge dauerhaften Frieden zu schaffen.
Dies ist die Lehre des Heiligen Korans, die er in seinen Briefen an die Weltpolitiker betonte:

> „Es soll euch die Feindseligkeit eines Volkes, so es euch an der Heiligen Moschee hinderte, nicht zur Übertretung verführen. Und helfet einander in Rechtschaffenheit und Frömmigkeit; doch helfet einander nicht in Sünde und Übertretung. Und fürchtet Allah, denn Allah ist streng im Strafen." *(Sura Al Maidah, 5:3)*

In seinem Brief an den Premierminister von Israel schrieb er:

> „Es ist daher meine Bitte an Sie, anstatt die Welt in den Zustand eines Weltkriegs zu versetzen, die Welt mit maximalen Bemühungen vor einer globalen Katastrophe zu bewahren. Anstatt Konflikte mit Gewalt zu lösen, sollten Sie diese mittels Dialog lösen, damit wir unsere künftigen Generationen mit einer vielversprechenden Zukunft beschenken können, anstatt sie mit einer der Behinderung und Mängel zu bescheren."

Den Präsidenten der Islamischen Republik Iran mahnte er:

> „Die Welt befindet sich momentan in einem Zustand von großer Aufruhr und Rastlosigkeit. In einigen Regionen haben sich

Kriege auf regionaler Ebene entfacht, während in anderen Teilen der Erde die Großmächte unter dem Vorwand der Friedensförderung tätig sind. Jedes Land ist in Aktivitäten verwickelt, die entweder andere Länder stützen oder schwächen, ohne jedoch dabei den Anforderungen der Gerechtigkeit Genüge zu leisten. Nur mit großem Bedauern kann beim Beobachten der aktuellen Geschehnisse auf der Welt festgestellt werden, dass das Fundament für einen erneuten Weltkrieg bereits gelegt ist."

Präsident Obama erklärte er:

„Wie allseits bekannt ist, waren die Hauptgründe, die zum Zweiten Weltkrieg führten, das Versagen des Völkerbundes und die Weltwirtschaftskrise, welche 1932 ihren Lauf nahm. Führende Wirtschaftswissenschaftler sehen heute zahlreiche Parallelen zwischen der kontemporären Weltwirtschaftskrise und jener von 1932. Wir beobachten wie Kriege zwischen kleineren Nationen aufgrund politischer und wirtschaftlicher Streitigkeiten entfachen und innere Uneinigkeit und Unzufriedenheit in den Ländern überhandnehmen. Dies wird schließlich zu Kräften führen, die zum Regierungsapparat aufstreben, die uns letztendlich zum Weltkrieg führen werden. Sollten in den kleineren Ländern die Konflikte nicht durch Politik und Diplomatie gelöst werden können, werden neue Blöcke und Lager auf der politischen Weltkarte entstehen. Dies wird letztendlich der Wegbereiter für den Ausbruch eines Dritten Weltkriegs werden. Infolgedessen bin ich davon überzeugt, dass es weitaus wichtiger, ja essentiell ist, unsere Bemühungen dringend zu intensivieren, die Welt vor einer Zerstörungzu retten, anstatt unseren Fokus auf den Fortschritt der Welt zu legen. Es besteht ein dringendes Bedürfnis, dass die Menschheit den Einen Gott, unseren Schöpfer, erkennt, denn dies ist der einzige Garant für das Überleben der Menschheit. Andernfalls nähert sich die Welt weiterhin mit großen Schritten der Selbstzerstörung."

Premier Wen Jiabao der Volksrepublik China schrieb er:

> „Ich bete, dass die Weltpolitiker mit Weisheit agieren mögen und nicht zulassen, dass wechselseitige Feindschaften zwischen Nationen und Völkern auf kleiner Ebene in einen globalen Konflikt ausufern."

Und zum Premierminister von Großbritannien schrieb er:

> „Es ist meine Bitte, dass wir auf jeder Ebene und in jeder Richtung unser bestmögliches versuchen müssen, die Flammen des Hasses und der Feindschaften auszulöschen. Nur wenn wir in dieser Bemühung erfolgreich sind, wird es uns möglich sein, unseren kommenden Generationen eine strahlendere Zukunft zu garantieren. Falls wir jedoch bei dieser Aufgabe versagen, sollten wir keine Zweifel daran haben, dass als Resultat nuklearer Kriegsführung unsere zukünftigen Generationen überall die schrecklichen Konsequenzen unserer Handlungen zu ertragen haben werden, und sie werden ihren Älteren nie vergeben, die Welt in eine globale Katastrophe geführt zu haben. Ich weise Sie erneut darauf hin, dass Großbritannien auch eines jener Länder ist, dass Einfluss ausüben kann und tut, sowohl bei den Industrienationen als auch in den Entwicklungsländern. Sie können dieser Welt die Richtung weisen, so Sie es denn wollen, indem sie die Voraussetzungen von Gleichheit und Gerechtigkeit erfüllen. Daher sollten Großbritannien und andere Großmächte ihren Anteil dazu beitragen, einen Weltfrieden zu etablieren. Möge Gott, der Allmächtige, Sie und andere Weltpolitiker dazu befähigen, diese Botschaft zu verstehen."

Wir beten aufrichtig, dass die hierin gesammelte Rechtleitung in dieser Zeit großer Gefahr als Quelle der Führung für die Menschheit dienen möge, so dass durch das Handeln nach den Prinzipien der Gerechtigkeit und Demut und durch die Hinwendung zu Gott der Mensch mit dauerhaftem Frieden gesegnet sein möge. Amin.

Ansprachen

Die islamische Perspektive auf die Weltkrise

Britisches Parlament, The House Of Commons, London im Oktober 2008

POINTS OF ORDER
FIRE EXIT
Reception at the Houses of Parliament on 22nd Oct 2008 for Hadhrat Mirza Masroor Ahmad, Khalifatul Masih V
or All
or None

Vorwort

Historische Ansprache von Seiner Heiligkeit Mirza Masroor Ahmad[aba], der fünfte Kalif des Verheißenen Messias[as] und Oberhaupt der weltweiten Ahmadiyya Muslim Gemeinde, gehalten im House Of Commons (Britisches Parlament) am 22. Oktober 2008.

Der Empfang wurde zu Ehren des 100jährigen Bestehens des Kalifentums der Ahmadiyyat organisiert von Justine Greening, MP von Putney, dem Heimatort der Fazl-Moschee, der Zentrale der Ahmadiyya Muslim Gemeinde

Dem Empfang beigewohnt haben auch Gilian Merron MP, Rt Hon Hazel Blears MP, Alan Keen MP, Dominic Grieve MP, Simon Hughes MP, Lord Eric Avebury sowie weitere renommierte Vertreter von Presse und Politik.

Die islamische Perspektive auf die Weltkrise

Im Namen Allahs, des Gnädigen und immer Barmherzigen

Sehr geehrte Gäste,
Assalam-o-Alaikum Wa Rahmatullahe Wa Barakatohu
Frieden und Segnungen Allahs seien mit Ihnen.

Zuallererst möchte ich all den respektvollen und ehrwürdigen Mitgliedern des Parlaments und den Gästen danken, die einem Oberhaupt einer religiösen Gemeinschaft erlaubt haben, einige Worte an sie zu richten. Ich bin unserer für unser Wohngebiet zuständigen Parlamentsabgeordneten Justine Greening äußerst dankbar, die so viel getan hat, um diese Veranstaltung einer kleinen Gemeinde ihres Wahlbezirks willen zu organisieren, die das Jahrhundert-Jubiläum ihres Kalifentums begeht. Das zeigt ihre Größe, ihre Offenherzigkeit und ihre Anteilnahme an den Gefühlen eines jeden Menschen und einer jeden Gemeinschaft in ihrem Wahlbezirk.
Obwohl die Ahmadiyya Muslim Gemeinde eine kleine Gemeinschaft ist, ist sie doch eine Bannerträgerin und die Verkörperung der wahren Lehren des Islam. Gleichwohl muss ich betonen, dass jeder Ahmadi, der in Großbritannien lebt, ein außerordentlich loyaler Bürger dieses Landes ist und es liebt; dies ist so wegen der Lehren unseres Propheten[saw], der uns davon unterrichtet hat, dass Liebe zum Heimatland ein unverzichtbarer Bestandteil des Glaubens ist. Die Lehren des Islam sind weiter herausgearbeitet und erläutert worden durch den Begründer der Ahmadiyya Gemeinde, an den wir als den Verheißenen Messias[as] und Reformer dieses Zeitalters glauben.

Er sagte, als er seinen Anspruch verkündete, dass Gott der Allmächtige ihm zwei Bürden auferlegt habe. Die eine betrifft das Recht Gottes und die andere jenes von Gottes Schöpfung.
Er fuhr fort und sagte, dass die Rechte gegenüber Gottes Schöpfung auszuüben, die schwierigste und heikelste Herausforderung sei.

Über das Kalifentum der Ahmadiyya Muslim Gemeinde

Bezüglich des Kalifentums mögen Sie vielleicht die Furcht hegen, dass eine Zeit kommen wird, wenn die Geschichte sich selbst wiederholt, und dass aus dieser Art von Führerschaft Kriege entspringen werden. Lassen Sie mich Ihnen deswegen versichern, dass, obwohl diese Anschuldigung gegen den Islam erhoben wird, so Gott will das Ahmadiyya-Kalifentum immer als Bannerträger des Friedens und der Harmonie in der Welt bekannt sein wird. Und zudem als loyal gegenüber dem Land, in dem seine Mitglieder wohnen.
Das Ahmadiyya-Kalifentum ist auch da, um die Mission des Messias und Mahdis[as] durchzuführen und fortzusetzen, also gibt es überhaupt keinen Grund, das Kalifentum zu fürchten. Dieses Kalifentum zieht die Aufmerksamkeit der Mitglieder der Gemeinde auf die Erfüllung dieser zwei Verpflichtungen, um deretwillen der Verheißene Messias[as] kam, und als Ergebnis dessen versucht es, Frieden und Harmonie in der Welt zu schaffen.

Befürchtungen vor einem Weltkrieg

Wegen der auferlegten Zeitbeschränkung komme ich nun zum Thema meines Vortrags. Wenn wir die jüngst vergangenen Jahrhunderte unparteiisch begutachten, dann werden wir feststellen, dass die Kriege dieser Zeitspanne nicht wirklich religiöse Kriege gewesen sind. Sie waren vielmehr eher geopolitischer Natur. Sogar bei den heutigen Konflikten und Feindschaften unter den Nationen beobachten wir, dass sie aus politischen, territorialen und ökonomischen Interessen heraus entstehen.

Es ist meine Befürchtung, dass angesichts der Richtung, in der sich die Angelegenheiten heutzutage entwickeln, die politische und ökonomische Dynamik der Länder der Welt zu einem Weltkrieg führen kann. Es sind nicht nur die ärmeren Länder der Welt, sondern auch die reicheren Nationen, die dadurch betroffen sind. Deswegen ist es die Pflicht der Supermächte, sich zusammenzusetzen und eine Lösung zu finden, wie die am Rande einer Katastrophe stehende Menschheit gerettet werden kann.

Britannien ist auch eines jener Länder, die Einfluss auf die gut situierten Länder, als auch auf die unterentwickelten Länder ausüben kann und dies auch tut. Sie können die Welt leiten, wenn Sie es so wünschen, indem Sie die Bedürfnisse von Gleichheit und Gerechtigkeit erfüllen.

Wenn wir uns die jüngste Vergangenheit anschauen, dann herrschte Britannien über viele Länder und hinterließ einen hohen Standard von Gerechtigkeit und religiöser Freiheit, insbesondere auf dem Subkontinent von Indien und Pakistan. Die Ahmadiyya Muslim Gemeinde hat dies miterlebt und der Begründer der Ahmadiyya Gemeinde hat die Britische Regierung für ihre Politik der Gerechtigkeit und dafür, dass sie religiöse Freiheit gewährleistete, gepriesen. Als der Begründer der Ahmadiyya Gemeinde Ihrer Majestät, der Queen Victoria, zu ihrem Diamantenen Jubiläum gratulierte und ihr die Botschaft des Islam überbrachte, betete er insbesondere, dass angesichts der Art, in der die Britische Regierung die Bedürfnisse von Gerechtigkeit in Gleichheit ausübt, Gott der Allmächtige sie generös belohnen möge. Somit zeigt unsere Geschichte, dass wir diese Form der Gerechtigkeit immer gewürdigt haben, wann immer sie von Britannien ausgeübt wurde, und wir hoffen, dass auch in Zukunft Gerechtigkeit ein hervorstechendes Merkmal der Britischen Regierung nicht nur in religiösen Angelegenheiten, sondern in jeglicher Hinsicht bleiben wird und dass Sie niemals die guten Qualitäten der Vergangenheit vergessen werden.

Retten Sie die Welt vor der Zerstörung

Heutzutage existiert eine große Aufregung und Unruhe in der Welt. Wir sehen Kleinkriege ausbrechen, während in einigen Gebieten die Supermächte beanspruchen, dass sie versuchen und in der Lage seien, Frieden zu bringen. Aber wenn die Bedingungen von Gerechtigkeit nicht erfüllt werden, können die Feuersbrünste und Flammen dieser lokalen Kriege sich ausbreiten und die ganze Welt erfassen. Deswegen lautet meine demütige Bitte Ihnen gegenüber, die Welt vor der Zerstörung zu retten!

Nun werde ich kurz erwähnen, was die Lehren des Islam dazu sagen, wie Frieden in der Welt geschaffen werden kann, oder wie Frieden in der Welt im Lichte dieser Lehren hergestellt werden kann. Es ist mein Gebet, dass, um Frieden in der Welt herzustellen, jene, die eingangs angesprochen waren, also die Muslime, in die Lage versetzt werden, danach zu handeln, indes ist es aber eine Pflicht aller Länder der Welt-Supermächte oder Regierungen, danach zu handeln.

In unseren Tagen und unserem Zeitalter, wenn die Welt buchstäblich zu einem globalen Dorf zusammengeschrumpft ist, und das auf eine Weise, die man sich zuvor nicht hatte vorstellen können, müssen wir unsere Verantwortlichkeiten als menschliche Wesen begreifen und sollten versuchen, unsere Aufmerksamkeit der Lösung jener Menschenrechtsfragen zu widmen, die helfen können, Frieden in der Welt

zu schaffen. Offensichtlich müssen diese Bemühungen auf Fairplay und den Bedingungen der Gerechtigkeit gründen.
Unter den Problemen von heute ist ein Problem entstanden, auch wenn nicht direkt, dann doch indirekt, aufgrund von Religion. Einige Gruppen von Muslimen bedienen sich im Namen der Religion ungesetzlicher Angriffe und Selbstmordattentäter, um Nicht-Muslime zu töten und ihnen zu schaden, einschließlich Soldaten und unschuldige Zivilisten, und töten gleichzeitig brutal unschuldige Muslime und Kinder. Diese grausame Handlungsweise ist für den Islam völlig inakzeptabel. Aufgrund diese furchtbaren Verhaltens einiger Muslime ist in den Ländern von Nicht-Muslimen ein völlig falscher Eindruck vom Islam entstanden und als Ergebnis dessen sprechen einige Teile der Gesellschaft offen gegen den Islam, während andere, wenn sie auch nicht offen Stellung beziehen, keine gute Meinung vom Islam in ihren Herzen tragen. Es hat Misstrauen in den Herzen der Menschen der westlichen und nicht-muslimischen Länder hervorgerufen, und anstatt dass sich die Situation verbessert, verschlimmert sich die Einstellung der Nicht-Muslime tagtäglich.

Zu den Muhammad-Karikaturen

Ein fundamentales Beispiel dieser irrtümlichen Reaktion ist der Angriff auf den Charakter des Heiligen Propheten des Islam[saw] und auf den Heiligen Koran, das Heilige Buch der Muslime. Diesbezüglich entsprach die Haltung der Britischen Politiker, welcher Partei sie auch angehören, wie auch der Intellektuellen Britanniens nicht dem, was andere Politiker einiger anderer Länder gezeigt haben, und ich danke Ihnen dafür. Worin könnte der Nutzen liegen, solche Gefühle zu verletzen, wenn nicht, dass Hass und Abneigung zunehmen? Dieser Hass wiederum spornt gewisse extremistische Muslime an, unislamische Taten zu begehen, die wiederum weitere Gelegenheiten für eine Reihe von Nicht-Muslimen schaffen, ihre Opposition zu verstärken. Wie auch immer, jene, die keine Extremisten sind und die den Heiligen Propheten des Islam[saw] aus tiefstem Herzen lieben, werden durch solche Angriffe auf peinigende Art und Weise verletzt, und unter diesen steht die Ahmadiyya Gemeinde an allererster Stelle. Unsere einzigartige, wichtigste Aufgabe besteht darin, der Welt den vollkommenen Charakter des Heiligen Propheten[saw] und die schönen Lehren des Islam zu zeigen. Wir, die wir alle Propheten (Frieden sei auf all ihnen) respektieren und ehren und glauben, dass sie alle Botschafter sind, die von Gott gesandt wurden, vermögen nicht, gegen auch nur einen von ihnen etwas Herabsetzendes zu sagen; aber wir sind zutiefst traurig, wenn wir grundlose, unwahre Vorwürfe gegen unseren Propheten[saw] vernehmen.

Heutzutage, da die Welt in Blöcke aufgeteilt wird, da der Extremismus eskaliert, da die finanzielle und ökonomische Situation sich verschlechtert, gibt es ein dringendes Bedürfnis, alle Arten von Hass zu beenden und den Grundstein für Frieden zu legen. Dies kann nur dadurch geschehen, indem jegliche Form von Gefühlen anderer respektiert wird. Wenn das nicht auf angemessene Weise geschieht, ernsthaft und mit Rechtschaffenheit, wird sich alles in unkontrollierbare Umstände verändern. Ich würdige, dass ökonomisch gesunde westliche Länder großzügigerweise den Menschen armer oder unterentwickelter Länder gestattet haben, sich in ihren jeweiligen Ländern niederzulassen, und darunter befinden sich auch Muslime.

Ein Prinzip für den Frieden

Wahre Gerechtigkeit verlangt, dass die Gefühle und die religiöse Praxis dieser Menschen ebenso gewürdigt werden sollten. Dies ist der

Weg, durch den der menschliche Gemütsfrieden unversehrt gehalten werden kann. Wir sollten daran denken, dass dann, wenn der Gemütsfrieden einer einzelnen Person gestört ist, ebenso der Gemütsfrieden der gesamten Gesellschaft davon betroffen ist.

Somit, wie ich schon zuvor sagte, bin ich dem Britischen Gesetzgeber und den Politikern hier dankbar dafür, dass sie die Anforderungen von Gerechtigkeit erfüllen und sich nicht in solche Angelegenheiten einmischen. Dies, in der Tat, ist die Lehre des Islam, die uns durch den Heiligen Koran gegeben wird. Der Heilige Koran legt fest:

„In Glaubensdingen darf es keinen Zwang geben"
(Sure 2 Vers 257)

Dieses Gebot begegnet nicht nur der Anschuldigung, dass der Islam durch das Schwert verbreitet worden sei, sondern sagt auch den Muslimen, dass die Annahme des Glaubens eine Sache zwischen Mensch und seinem Gott ist, und dass sie diese Beziehung auf keine Weise stören sollten. Jedem ist es erlaubt, entsprechend seiner Glaubensvorstellungen zu leben und seine religiösen Rituale zu vollziehen. Wenn jedoch irgendeine Handlungsweise im Namen der Religion anderen Schaden zufügt oder sich gegen die Gesetze des Landes richtet, dann dürfen die Gesetzesvertreter des Staates zur Tat schreiten, denn wenn irgendein grausames Ritual von irgendeiner Religion praktiziert wird, dann kann dies nicht die Lehre eines Propheten Gottes sein. Dies ist ein grundlegendes Prinzip, um Frieden sowohl auf lokaler als auch auf internationaler Ebene zu bewirken.

Darüber hinaus lehrt uns der Islam, dass, wenn als Ergebnis Ihres Glaubenswechsels irgendeine Gesellschaft oder Gruppe oder eine Regierung versucht, sich in die Ausübung einer religiösen Praxis einzumischen, und sich dann die Umstände zu Ihren Gunsten verändern, Sie hernach keinen Groll oder Übelwollen an den Tag legen sollten.

Sie sollten dann nicht auf Rache sinnen, sondern vielmehr Gerechtigkeit und Gleichheit einführen. Der Heilige Koran sagt:

> „O die ihr glaubt! Seid standfest in der Sache Allahs und wahrt Gerechtigkeit; und lasst nicht die Feindschaft eines Volkes euch anstacheln, anders denn in Gerechtigkeit zu handeln. Seid immer gerecht, das ist der Rechtschaffenheit näher. Und fürchtet Allah. Wahrlich, Allah ist dessen bewusst, was ihr tut." *(Sure 5 Vers 9)*

Dies ist die Lehre, um Frieden in der Gesellschaft zu erzielen. Weicht niemals von Gerechtigkeit ab, auch nicht um eines Feindes willen.
Die frühe Geschichte des Islam zeigt uns, dass man dieser Lehre folgte und alle Anforderungen von Gerechtigkeit erfüllt wurden. Ich kann jetzt nicht zu viele Beispiele dafür anführen, aber die Geschichte ist Zeuge für die Tatsache, dass der Heilige Prophet[saw] nach dem Sieg in Mekka keinerlei Rache gegenüber jenen ausübte, die ihn grausam behandelt hatten, sondern er vergab ihnen und erlaubte ihnen, an ihrem jeweiligen Glauben festzuhalten. Heutzutage kann Frieden nur dann geschaffen werden, wenn alle Anforderungen von Gerechtigkeit auch gegenüber den Feinden beachtet werden, nicht nur in Kriegen gegenüber religiösen Extremisten, sondern auch in allen anderen Kriegen. Und nur ein solcher Frieden ist langanhaltend.
Im vergangenen Jahrhundert wurden zwei Weltkriege ausgetragen. Was immer auch die Ursachen dafür gewesen waren, wenn wir uns tief mit der Sache beschäftigen, ragt nur ein Grund wirklich heraus. Und das ist der, dass bereits zu Beginn keine richtige Gerechtigkeit ausgeübt wurde. Als Reaktion ergab sich das, was man als erloschenes Feuer angesehen hatte, als Schlacke, die unterschwellig weiterglomm, bis sie schließlich in Flammen ausbrach und die ganze Welt ein zweites Mal umfasste.

Heutzutage wächst die Rastlosigkeit und Kriege und Aktionen, um Frieden zu bewahren, werden zu Vorläufern für einen weiteren Weltkrieg. Mehr noch, die gegenwärtigen ökonomischen und sozialen Probleme werden die Quelle dafür sein, dass sich die Situation noch weiter verschlechtert.

Eine goldene Regel

Der Heilige Koran hat einige goldene Regeln festgelegt, um Frieden in der Welt durchzusetzen. Es ist eine anerkannte Tatsache, dass Gier der Grund dafür ist, dass Feindschaft wächst. Manchmal manifestiert sie sich in territorialen Expansionsgelüsten, oder darin, dass man die natürlichen Ressourcen ausbeutet oder in der Tat die Vorherrschaft einiger über andere beansprucht. Das führt zu Grausamkeit, ob sie seitens der Hände unbarmherziger Despoten ausgeübt wird, die die Rechte der Menschen schmälern und ihre Übermacht zeigen, indem sie ihre persönlichen Interessen einfach durchsetzen, oder es geschieht durch die Hände einer Eroberungsmacht. Manchmal fordern die Schreie und Ängste der grausam behandelten Menschen die übrige Welt heraus.
Aber wie immer das auch sein mag, uns ist das folgende goldene Prinzip durch den Heiligen Propheten des Islam[saw] gelehrt worden: Hilf sowohl den Unterdrückten als auch dem Unterdrücker.
Die Gefährten des Propheten[saw] erkundigten sich, wie sie denn einer grausamen Person helfen könnten, während sie sehr wohl verstanden, dass man den Leidenden helfe. Der Prophet[saw] erklärte dies, indem er sagte: *„Indem ihr seine Hand daran hindert, eine Grausamkeit zu begehen, denn sein Ausmaß an Grausamkeit wird ihn zum Opfer der Strafe Gottes werden lassen."* Somit bemüht euch aus Barmherzigkeit, ihn zu retten. Dieses Prinzip reicht vom kleinsten Bereich der Gesellschaft bis hin zur internationalen Ebene. In diesem Zusammenhang sagt der Heilige Koran:

> „Und wenn zwei Parteien von Gläubigen gegeneinander kämpfen, dann stiftet Frieden zwischen ihnen; wenn sich danach die eine gegen die andere vergeht, bekämpft jene Partei, die sich vergangen hat, bis sie zum Gebot Allahs zurückkehrt. Wenn sie dann zurückkehrt, stiftet Frieden unter ihnen in Gleichheit und handelt gerecht. Wahrlich, Allah liebt die Gerechten." *(Sure 40 Vers 10)*

Obwohl die Lehre für Muslime gilt, kann dadurch doch auch, indem man sich an diesem Prinzip ausrichtet, die Grundlage für einen Frieden weltweit gelegt werden.

Um den Frieden aufrechtzuerhalten, ist anfangs erklärt worden, dass die wichtigste Anforderung dafür die Gerechtigkeit ist. Und, wenn trotzdem, obwohl man den Prinzipien der Gerechtigkeit gehorcht, Anstrengungen, Frieden wiederherzustellen, erfolglos bleiben, sollte man sich vereinigen und gemeinsam gegen jene Partei kämpfen, die die Grenzen überschritten hat und damit solange fortfahren, bis die überschreitende Partei bereit ist, Frieden zu schließen. Ist diese, die Grenzen überschreitende Partei bereit, Frieden zu schließen, besagt die Anforderung der Gerechtigkeit: Sucht nicht, Rache auszuüben, auferlegt nicht Restriktionen oder Embargos. Behaltet unter allen Umständen ein Auge auf dem Missetäter, zur selben Zeit aber bemüht euch um ihn und versucht, seine Situation zu verbessern.

Um die Unruhe zu beenden, die in einigen Ländern der Welt heute herrscht – und unglücklicherweise gehören einige muslimische Länder zu den Führenden unter ihnen – sollte sie insbesondere durch jene Nationen analysiert werden, die die Macht dazu haben, ein Veto einzulegen, um festzulegen, ob oder ob nicht Gerechtigkeit in angemessener Weise befolgt worden ist. Wann immer Hilfe vonnöten ist, sind die machtvollen Nationen gefragt.

Wie ich zuvor ausführte, sind wir Zeuge der Tatsache, dass die Geschichte der Britischen Regierung zeigt, dass sie stets Gerechtigkeit hochgehalten hat, und das hat mich ermutigt, ihre Aufmerksamkeit auf einige dieser Angelegenheiten zu lenken.

Neid und Gier

Ein weiteres Prinzip, das uns gelehrt wurde, um Frieden in der Welt herzustellen, besteht darin, dass man nicht neidisch auf den Reichtum anderer schauen sollte. Der Heilige Koran sagt:

> „Und richte deinen Blick nicht auf das, was Wir einigen von ihnen gewährt haben für eine kurze Zeit – den Glanz des irdischen Lebens – damit Wir sie dadurch prüfen mögen.“ *(Sure 20 Vers 132)*

Gier nach und Neid wegen Reichtum anderer ist eine Ursache für die wachsende Ruhelosigkeit in der Welt. Auf privater Ebene nach den Nachbarn zu schielen, wie das Sprichwort besagt, zeitigte unendliche Gier und zerstörte den sozialen Frieden. Habgieriger Wettbewerb auf nationaler Basis folgte und führte zur Zerstörung des Weltfriedens. Dies ist durch die Geschichte bewiesen und jeder vernünftige Mensch kann absehen, dass der Wunsch nach dem Reichtum anderer Neid verursacht und die Gier wachsen lässt und somit die Quelle für Verlust ist.

Das ist der Grund, warum Gott der Allmächtige sagt, dass man seinen Blick auf seine eigenen Mittel beschränken soll und aus ihnen Nutzen ziehen möge. Die Anstrengung, territoriale Gewinne zu machen, geschieht um der Nutzen willen, die man aus den naturgegebenen Ressourcen jenes Territoriums ziehen will. Der Zusammenschluss von Nationen und die Bildung von Machtblöcken geschehen, um sich die natürlichen Ressourcen einiger Länder anzueignen. Diesbezüglich hat eine Reihe von Autoren, die zuvor als Berater für Regierungen gearbeitet hatten, Bücher geschrieben, in denen eingehend berichtet wird, wie sich einige Länder bemühen, Kontrolle über die Ressourcen anderen Nationen zu erlangen. Inwieweit diese Schriftsteller wahrheitsgemäß sind, ist ihnen selbst am besten bekannt, und Gott weiß es am allerbesten, aber der Zustand, der entsteht, wenn man diese Bücher liest, verursacht tiefe Sorge und Ängste in den Herzen jener, die gegenüber ihren ärmeren Ländern loyal sind und ist ein hauptsächlicher Grund für das Wachstum des Terrorismus und des Rüstungswettlaufs nach Massenvernichtungswaffen.

Fortschritt und Krise

Heutzutage hält sich die Welt für ernsthafter, bewusster und gebildeter als in der Vergangenheit. Sogar in den armen Ländern gibt es solch intelligente Seelen, die sich auf ihrem jeweiligen Gebiet des Wissens großartig ausgezeichnet haben. Hochintellektuelle Köpfe arbeiten zusammen in den riesigen Forschungszentren der Welt. Unter solchen Bedingungen sollte man sich vorstellen können, dass die Menschen sich vereint haben und gemeinsam bemüht sind, die falschen Wege des Denkens und den Unsinn der Vergangenheit zu beenden, der zu Streitigkeiten und schreckenerregenden Kriegen geführt hat. Die gottgegebene Vernunft und der wissenschaftliche Fortschritt hätten benutzt werden sollen zur Verbesserung der Zustände der Menschheit und dafür, zulässige Methoden zu ersinnen, um Nutzen aus den jeweiligen Ressourcen des anderen zu ziehen.

Gott hat fürwahr ein jedes Land mit natürlichen Ressourcen ausgestattet, die auf vollkommene Art genutzt hätten werden sollen, um die Welt in einen Hafen des Friedens zu verwandeln. Gott hat viele Länder mit einem wunderbaren Klima beschenkt und den Voraussetzun-

gen dafür, verschiedene Gewächse hervorzubringen. Wäre geeignete Planung angewandt worden, um die moderne Technologie für die Landwirtschaft zu nutzen, wäre die Wirtschaftslage gestärkt worden und Hunger hätte von der Erde ausgemerzt werden können.
Jenen Ländern, die bereichert worden sind mit Bodenschätzen, sollte es gestattet werden, sich zu entwickeln und zu fairen Preisen offen Handel zu treiben, und ein Land sollte Nutzen ziehen aus den Ressourcen des anderen Landes. Dies wäre somit der richtige Weg, der Weg, der von Gott dem Allmächtigen bevorzugt wird.
Gott der Allmächtige schickt Seine Gesandten zu den Völkern, so dass sie ihnen jene Wege zeigen können, die die Menschen näher zu Gott bringen. Zugleich sagt Gott, dass es in Glaubensangelegenheiten vollkommene Freiheit gibt. Entsprechend unserer Glaubensvorstellungen, wird es Belohnung und Bestrafung auch nach dem Tod geben. Aber unter dem System, das Gott errichtet hat, können, wenn Seiner Schöpfung irgendeine Grausamkeit zugefügt wird und Gerechtigkeit und Fair-Play missachtet werden, durch die Gesetze der Natur die entsprechenden Folgen auch bereits in dieser Welt erfahren werden. Harte Reaktionen auf solche Formen der Ungerechtigkeit werden beobachtet und es kann keine Garantie geben hinsichtlich der Wirkung, sei sie richtig oder falsch.
Der wahre Weg, die Welt zu erobern, besteht darin, dass alle Anstrengungen unternommen werden sollten, den ärmeren Nationen den ihnen angemessenen Status zu verleihen.

Ökonomische Krise und Zinssystem

Eine schwerwiegende Angelegenheit heutzutage ist die ökonomische Krise, die Kreditklemme benannt worden ist. Es mag merkwürdig klingen, aber der Augenschein deutet auf eine Tatsache hin. Der

Heilige Koran leitete uns, indem er sagte, dass wir die Zinswirtschaft vermeiden sollen, weil Zinsen solch einen Fluch darstellen, dass sie eine Gefahr für den häuslichen, nationalen und internationalen Frieden bedeuten. Wir sind gewarnt worden, dass derjenige, der Zinsen nimmt, eines Tages wie einer erscheinen wird, den Satan mit Wahnsinn geschlagen hat. Somit sind wir Muslime gewarnt worden, solch eine Situation zu vermeiden und keine Zinswirtschaft zu betreiben, weil das Geld, das man für die Zinsen bekommt, nicht den Reichtum stärkt, wenn es auch auf der Oberfläche so aussieht, als würde es zunehmen. Unvermeidlich kommt eine Zeit, wenn die tatsächliche Wirkungsweise offenkundig wird. Darüber hinaus sind wir zur Vorsicht ermahnt worden, nicht in ein Zinsgeschäft zu treten, mit dem warnenden Hinweis, dass, würden wir das tun, es gleich einem Krieg gegen Gott sein würde.

Das Ergebnis ist durch die gegenwärtige Kreditklemme offensichtlich. Zu Beginn waren es Einzelpersonen, die sich Geld borgten, um Eigentum zu erwerben; aber bevor sie sich wirklich als Eigentümer des Erworbenen sehen konnten, starben sie bisweilen schuldenbeladen. Aber inzwischen sind es sogar Regierungen, die mit Schulden belastet sind und davon geschlagen, als wären sie wahnsinnig. Große Konzerne sind Bankrott gegangen. Einige Banken und Finanzinstitutionen sind zusammengebrochen oder durch Bürgschaften aus der Misslage gerettet worden, und diese Situation besteht in jedem Land, gleich, ob arm oder reich. Sie wissen mehr über diese Krise als ich. Das Geld der Einleger ist vernichtet worden. Nun liegt es an den Regierungen, wie und bis zu welchem Ausmaß jene beschützt werden können. Aber für einige Zeit ist der Frieden in den Familien, unter Geschäftsleuten und den Regierenden in den meisten Ländern der Welt insgesamt zerstört worden.

Die Notwendigkeit, sich Gott zuzuwenden

Zwingt uns diese Situation nicht dazu, darüber nachzudenken, dass die Welt sich in Richtung jener logischen Schlussfolgerung bewegt, hinsichtlich derer uns Warnungen rechtzeitig zuvor gegeben worden waren? Gott weiß besser, was die weiteren Konsequenzen dieser Situation sein werden. Gott der Allmächtige hat gesagt: Kommt her zum Frieden, der nur dann garantiert werden kann, wenn es sauberen und gedeihlichen Handel gibt und wenn die Ressourcen auf geeignete und faire Weise genutzt werden.

Nun beende ich die Darlegung dieser wenigen Bereiche unserer Lehren mit dem Hinweis, dass der wahre Frieden der Welt ausschließlich darin liegt, sich wieder Gott zuzuwenden. Möge Gott die Welt in die Lage versetzen, diesen Punkt zu verstehen, denn nur dann werden die Menschen in der Lage sein, ihre Pflichten gegenüber den Rechten anderer auszuüben.

Abschließend danke ich Ihnen noch einmal, dass Sie hierhergekommen sind und mir zugehört haben. Vielen herzlichen Dank.

Liebe und Loyalität zum Heimatland

Zentrum für Innere Führung der Bundeswehr in Koblenz

Liebe und Loyalität zum Heimatland

Im Namen Allahs des Gnädigen und immer Barmherzigen

Sehr geehrte Gäste,
Assalam-o-Alaikum Wa Rahmatullahe Wa Barakatohu
Frieden und Segnungen Allahs seien mit Ihnen allen.

Zu Beginn möchte ich die Gelegenheit wahrnehmen, Ihnen allen dafür zu danken, mich eingeladen und mir die Möglichkeit gegeben zu haben, einige Worte an Sie zu richten. Als Oberhaupt der Ahmadiyya Muslim Jamaat (AMJ) möchte ich mit Ihnen über die Lehren des Islam sprechen. Indes handelt es sich dabei um ein derart umfangreiches Thema, dass es unmöglich ist, dies in einer Veranstaltung oder in kurzer Zeit zu behandeln. Deswegen ist es notwendig, dass ich mich in meiner Ansprache auf einen Aspekt des Islam konzentriere. Während ich darüber nachdachte, über welches Thema ich sprechen könnte, erhielt ich eine Bitte des nationalen Vorsitzenden der Gemeinde in Deutschland, Herrn Abdullah Wagishauser, in welcher er mich darum bat, über die Lehre des Islam hinsichtlich der Liebe und Loyalität zum Heimatland zu referieren. Dies erleichterte mir meine Entscheidung. Somit werde ich nun also kurz einige Aspekte der islamischen Lehre hinsichtlich dieses Themas ansprechen.
Es ist sehr einfach über die Wörter „Loyalität und Liebe zum eigenen Land“ zu sprechen. In der Tat ist es so, dass diese wenigen Wörter Bedeutungen umfassen, die weitreichend, wunderschön und von unglaublicher Tiefe sind. Tatsache ist jedoch auch, dass es sehr schwierig

ist, diese Wörter vollständig zu erfassen, und zu verstehen, was sie bedeuten und was sie erfordern. Wie auch immer, ich werde versuchen, in der Kürze der Zeit das islamische Konzept zur Loyalität und Liebe zum eigenen Land zu erklären.

Gegen jede Form von Doppelmoral

Zunächst einmal ist es ein fundamentales Prinzip des Islam, dass Wort und Tat einer Person niemals irgendeine Form von Doppelmoral oder Heuchelei aufweisen dürfen. Wahre Loyalität erfordert eine Beziehung, die auf Ehrlichkeit und Integrität aufbaut. Sie erfordert, dass das, was eine Person nach außen sichtbar macht, dem gleich ist, was sie im Innern trägt.
Diese Prinzipien sind hinsichtlich Fragen der Nationalität von größter Bedeutung. Deswegen ist es für die Staatsangehörigen jedes Landes unentbehrlich, eine Beziehung von einzigartiger Loyalität und Treue zum eigenen Land aufzubauen.
Dabei spielt es weder eine Rolle, ob man von Geburt Staatsangehöriger ist oder ob die Staatsangehörigkeit später erlangt wurde, noch ist es wichtig, ob man sie durch Einwanderung erlangt hat oder durch andere Mittel und Wege.
Loyalität ist eine großartige Eigenschaft und jene, die diese Eigenschaft in ihrer höchsten Stufe und besten Form besaßen, waren die Propheten Gottes. Ihre Liebe und Verbundenheit zu Gott war so stark, dass sie in allen Gelegenheiten Seine Gebote beachteten und danach bestrebt waren, sie vollkommen umzusetzen, komme was wolle. Dies verdeutlicht ihre Ergebenheit Gott gegenüber und ihre vollkommene Form der Loyalität. Ihr hoher Standard von Loyalität sollte uns als Beispiel und Vorbild dienen.

Was bedeutet Loyalität

Bevor ich jedoch fortfahre, ist es notwendig zu behandeln, was mit „Loyalität“ gemeint ist. Nach den Lehren des Islam ist die Definition und wahre Bedeutung von „Loyalität“ die uneingeschränkte Erfüllung von Gelöbnissen und Verpflichtungen, die auf jeder Stufe und unter allen Umständen und unabhängig der erforderlichen Mühen zu erfolgen hat.
Das ist die wahre Form der Treue, die der Islam fordert. An den unterschiedlichsten Stellen im Heiligen Koran weist Gott die Muslime darauf hin, ihre Versprechen und Verpflichtungen zu erfüllen, weil sie Ihm Rechenschaft abzulegen haben hinsichtlich aller Taten, die sie begehen. Den Muslimen wurde gelehrt, all ihre Verpflichtungen zu erfüllen: Diejenigen Gott, dem Allmächtigen, gegenüber ebenso, wie alle anderen Verpflichtungen, die sie gemäß ihres jeweiligen Stellenwertes zu erfüllen haben.

Was hat Priorität: Gottesgesetz oder Landesgesetz?

In diesem Kontext kommt es häufig zu einer Frage. Wenn Muslime glauben, dass Gott und die Religion von höchster Wichtigkeit für sie ist, und die Einhaltung der Gebote Gottes die höchste Priorität für sie hat und über alles andere steht und sie immer danach bestrebt sind, diese einzuhalten, dann mag der Gedanke aufkeimen, dass die Loyalität eines Muslims seinem Land gegenüber und sein Gelöbnis, die Gesetze des Landes einzuhalten, nur von zweitrangiger Bedeutung für ihn sein könnte. Deswegen wird vermutet, dass ein Muslim unter gewissen Umständen gewillt sein könnte, sein Gelöbnis dem Land gegenüber zu brechen.
Um diese Frage zu beantworten, will ich Sie zuerst darüber informie-

ren, dass der Heilige Prophet Muhammad[saw] selbst gelehrt hat, dass die „Liebe zum eigenen Land ein Teil des Glaubens ist." Insofern ist aufrichtiger Patriotismus eine Anordnung im Islam. Wahrhaft Gott und den Islam zu lieben erfordert, dass man sein Land liebt.
Daraus geht eindeutig hervor, dass es keinen Interessenkonflikt geben kann zwischen der Liebe zu Gott und der dem Land gegenüber. Da die Liebe zum eigenen Land zum Islam gehört, ist es recht eindeutig, dass ein Muslim darin bestrebt sein sollte, die höchsten Grade der Loyalität zu dem von ihm ausgewählten Land zu erlangen; dies, weil es ein Mittel ist, Gott zu erreichen und Ihm näher zu kommen. Insofern ist es unmöglich, dass die Liebe eines wahren Muslims Gott gegenüber jemals als Hindernis oder Barriere, die ihn davon abhält, wahre Liebe und Treue dem Land gegenüber zu entwickeln, herangezogen werden kann.

Loyalität zum Land trotz Unterdrückung?

Unglücklicherweise sehen wir, dass in bestimmten Ländern religiöse Rechte beschnitten oder gar komplett verweigert werden. Folglich kann weiter gefragt werden, ob jene Personen, die von ihrem Staat verfolgt werden, immer noch eine Beziehung der Liebe und Loyalität ihrem Land gegenüber aufrechterhalten können.
Mit großem Bedauern muss ich Sie informieren, dass solche Umstände in Pakistan vorherrschen, wo die Regierung derzeit gegen unsere Gemeinde Gesetze erlassen hat. Diese Anti-Ahmadiyya-Gesetze werden in der Praxis umgesetzt. Auf diese Weise wurden in Pakistan alle Ahmadi-Muslime offiziell per Gesetz zu „Nicht-Muslimen" deklariert. Ihnen ist demzufolge untersagt, sich selbst als „Muslime" zu bezeichnen. Ebenso ist es Ahmadi-Muslimen in Pakistan verboten, auf eine Art und Weise den Gottesdienst zu verrichten, wie Muslime

es für gewöhnlich tun. Außerdem ist es ihnen untersagt, sich gemäß einer islamischen Praxis oder Tradition zu verhalten, die sie als Muslime erkenntlich machen würde. Somit hat also in Pakistan der Staat selbst die Mitglieder unserer Gemeinde ihres fundamentalen Menschenrechts der Ausübung ihrer Religion beraubt.

Mit dieser Sachlage im Hinterkopf ist es recht natürlich, sich zu fragen, wie Ahmadi-Muslime in solchen Umständen den Gesetzen des Staates Folge leisten können? Wie können sie darin fortfahren, Loyalität dem Land gegenüber zu zeigen?

Hier möchte ich klarstellen, dass dort, wo solche extremen Umstände vorherrschen, das Gesetz, auf der einen Seite, und die Loyalität dem Land gegenüber, auf der anderen Seite, zwei unterschiedliche Angelegenheiten werden. Wir Ahmadi-Muslime glauben, dass die Wahl der Religion eine persönliche Angelegenheit ist, die jedes Individuum für sich selbst entscheiden muss, und es keinen Zwang in Angelegenheiten des Glaubens geben darf. Doch wenn das Gesetz in dieses Recht eingreift, dann ist es unzweifelhaft ein Akt großer Grausamkeit und Verfolgung. In der Tat ist es so, dass eine derartige Verfolgung von Staats wegen, die in allen Zeiten in Erscheinung getreten ist, von der Mehrheit verurteilt wurde.

Wenn wir einen Blick auf die Geschichte Europas werfen, so werden wir feststellen, dass auch Menschen auf diesem Kontinent zu Opfern religiöser Verfolgung wurden, und als Konsequenz dessen viele tausende Menschen von einem Land ins andere emigrieren mussten. Historiker, Regierungen und Menschen, die aufrichtig waren, haben dies als Verfolgung und extreme Grausamkeit bezeichnet.In solchen Umständen, wenn die Verfolgung jede Schranke überschritten hat und unerträglich wird, empfiehlt der Islam von der Stadt oder dem Land auszuwandern, und sich da anzusiedeln, wo die Religion in Frieden ausgeübt werden kann.

Der Islam verbietet, dass Gesetz selbst in die Hand zu nehmen

Indes, parallel zu dieser Rechtleitung lehrt der Islam auch, dass unter keinen Umständen irgendeine Person das Gesetz in seine Hände nehmen darf, noch in irgendwelchen Plänen und Verschwörungen eingebunden werden darf, die gegen das Land gerichtet sind. Das ist eine absolut eindeutige und unmissverständliche Anweisung des Islam.
Trotz der ernsthaften Verfolgung, mit der Ahmadis konfrontiert werden, leben immer noch Millionen von ihnen in Pakistan. Und obwohl sie fortwährend mit so unnachgiebiger Verfolgung, Diskriminierung und Grausamkeit in allen Bereichen ihres Lebens konfrontiert werden, fahren sie darin fort, eine Beziehung der absoluten Loyalität und wahren Gefolgschaft zu ihrem Land zu pflegen. In welchem Bereich auch immer sie arbeiten oder wo immer sie auch stationiert sind, sind sie fortwährend darin beschäftigt, zu versuchen, dem Land zu Fortschritt und Erfolg zu verhelfen.
Seit Jahrzehnten versuchen die Gegner der Ahmadiyyat den Ahmadis zu unterstellen, sie seien nicht loyal zu Pakistan, jedoch waren sie nie in der Lage, dies zu beweisen oder irgendeinen Beleg anzubringen, der ihre Aussage bekräftigten würde. Stattdessen ist es eine Tatsache, dass Ahmadi-Muslime hervortraten und sich zur Verfügung stellten, wenn es darum ging, Opfer für das Land Pakistan zu erbringen. Obwohl sie selbst zu Opfern und zur Zielscheibe des Gesetzes wurden, sind es Ahmadi-Muslime, die dem Gesetz treu bleiben und es besser als alle anderen befolgen. Dies, weil sie wahre Muslime sind, die den wahren Islam befolgen.

Der Islam verbietet Rebellion

Ein anderes Gesetz des Heiligen Korans in Bezug auf Loyalität ist, dass man sich von allen Dingen fernhalten soll, die unanständig und unerwünscht sind und zur Rebellion führen. Ein wunderschönes und herausragendes Merkmal des Islam ist, dass er unsere Aufmerksamkeit nicht bloß auf den Höhepunkt äußerst gefährlicher Entwicklungen lenkt sondern uns ebenso vor all den kleineren Dingen warnt, die die Menschheit als Sprungbretter auf einen Pfad führen können, der gefährlich ist. Somit kann, wenn der Rechtleitung des Islam korrekt gefolgt wird, jedes Problem in seinen Anfängen gelöst werden bevor die Situation außer Kontrolle gerät. Eine Angelegenheit zum Beispiel, die ein Land ernsthaft gefährden kann, ist die finanzielle Gier seitens Individuen. Häufig kommt es vor, dass Menschen von materiellen Wünschen derart eingenommen werden, dass sie in ihrem Ausmaß völlig unkontrollierbar werden. Solche Gier führt dann schlussendlich zu einem treubrüchigen Verhalten. Somit können solche Dinge letztendlich zu einer Ursache des Verrats dem eigenen Land gegenüber werden. Lassen Sie mich dies ein wenig erklären. Im Arabischen wird das Wort *„baghiya"* zur Beschreibung jener Personen verwendet, die ihrem Land schaden. Es bezieht sich auf jene, die an falschen Praktiken teilhaben oder Anderen Schaden zufügen. Es umfasst auch jene Personen, die betrügen und versuchen, sich Güter auf eine illegale oder ungerechte Weise anzueignen. Es bezieht sich auf jene Personen, die alle Grenzen überschreiten und somit Leid und Zerstörung verursachen. Der Islam lehrt, dass von Personen, die auf solche Weise handeln, nicht erwartet werden kann, dass sie loyal sind, weil Loyalität eng verknüpft ist mit hohen moralischen Werten. Loyalität kann nicht ohne hohe moralische Werte bestehen, genauso wie hohe moralische Werte nicht ohne Loyalität Bestand haben können.

Es geht darum, Gottes Wohlgefallen zu erlangen

Wiewohl es wahr ist, dass unterschiedliche Personen unterschiedliche Sichtweisen über das haben, was hohe moralische Werte ausmachen, so geht es bei der Religion des Islam ausschließlich darum, Gottes Wohlgefallen zu erlangen. Daher werden Muslime immer wieder darauf hingewiesen, immer auf eine Weise zu handeln, die Gott gefällt. Kurzum, nach der islamischen Lehre hat Gott, der Allmächtige, alle Formen von Verrat und Rebellion verboten, unabhängig davon, ob sie gegen das eigene Land oder gegen die eigene Regierung gerichtet sind. Der Grund dafür liegt darin, dass Rebellion oder Aktionen gegen die Staatsgewalt eine Gefahr für den Frieden und für die Sicherheit des Landes darstellen. Tatsache ist, dass dort, wo innerhalb des Landes Rebellion und Gegnerschaft aufbrechen, die Gegnerschaft außerhalb des Landes befeuert wird und Außenstehende ermutigt werden, Vorteile aus der binnenländischen Unruhe zu ziehen. Insofern kann die Illoyalität dem eigenen Land gegenüber weitreichende Konsequenzen nach sich ziehen. Somit ist alles, was dem Land Schaden bringen kann, unter dem von mir beschriebenen Begriff *„baghiya"* subsumierbar.

Unter Berücksichtigung all dieser Punkte erfordert die Loyalität zu seinem Land, Geduld walten zu lassen, Moralität zu zeigen und die Gesetze des Landes zu befolgen.

Generell gesprochen kann man sagen, dass in der modernen Zeit die meisten Regierungen demokratisch gewählt werden. Insofern sollte eine Person oder eine Gruppe, die das Bedürfnis hat, die Regierung auszutauschen, dem nachgehen, indem die dafür geeigneten demokratischen Prozesse durchlaufen werden. Sie sollten sich durch ihren Gang zur Wahlurne Gehör verschaffen.

Das Interesse des gesamten Landes im Fokus haben

Eine Wahlstimme sollte nicht auf Grundlage persönlicher Vorlieben und Interessen vergeben werden, vielmehr lehrt der Islam, dass die Stimme einer Person unter Berücksichtigung der Liebe und Loyalität dem Land gegenüber abgegeben werden soll. Bei der Stimmabgabe sollte man die Verbesserung des Landes im Sinn haben. Insofern sollte eine Person nicht auf den eigenen Vorteil achten und nicht danach gehen, von welchem Kandidaten oder von welcher Partei sie persönlich Nutzen ziehen kann; vielmehr sollte eine ausgewogene Entscheidung gefällt werden, in der berücksichtigt wird, welcher Kandidat oder welche Partei der gesamten Nation zum Fortschritt verhelfen würde. Die Regierungshoheit übertragen zu bekommen, ist eine große Verantwortung, daher sollte sie nur derjenigen Partei übertragen werden, von welcher der Wähler glaubt, dass sie am besten dafür geeignet ist und sie am meisten verdient. Das ist der wahre Islam und das ist wahre Loyalität.

In der Tat befiehlt Allah in Kapitel 4, Vers 59 des Heiligen Korans, dass eine Person die Treuhandschaft nur denjenigen übergeben darf, die ihrer würdig sind, und dass, wenn sie zwischen Personen urteilt, sie das Urteil gerecht und ehrlich fällen soll. Somit erfordert die Loyalität dem eigenen Land gegenüber also, dass die Regierungsgewalt denjenigen übertragen wird, die ihrer wahrhaft würdig sind, so dass die Nation Fortschritte erzielen und eine Spitzenposition unter den Nationen der Welt erlangen kann.

Anweisungen zu Streiks und Demonstrationen

In vielen Regionen der Welt werden wir Zeuge von Protesten und Streiks, die gegen die Politik der Regierung gerichtet sind. Darüber hinaus wird in einigen Ländern der Dritten Welt randaliert und Eigentum und Güter, die dem Staat oder Privatbürgern gehören, beschädigt. Wiewohl sie beanspruchen, aus Liebe gehandelt zu haben, so ist die Wahrheit doch, dass diese Taten nichts mit Liebe oder Loyalität der Nation gegenüber zu tun haben.

Es sollte in Erinnerung gerufen werden, dass selbst Streiks und Demonstrationen, die friedlich und ohne Rückgriff auf kriminelle Zerstörung oder Gewalt abgehalten werden, einen negativen Effekt erzielen können. Dies, weil selbst friedliche Proteste für die Wirtschaft des Landes häufig Verluste in Millionenhöhe verursachen. Unter keinen Umständen kann so ein Verhalten als ein Beispiel der Loyalität der eigenen Nation gegenüber erachtet werden.

Eine goldene Regel, die der Begründer der Ahmadiyya Muslim Jamaat gelehrt hat, lautet, dass wir unter allen Umständen immer Allah, den Propheten sowie den Regierenden unserer eigenen Nation Gehorsam leisten sollen. Das ist die gleiche Lehre, die auch der Heilige Koran gibt. Demzufolge gilt, dass selbst dort, wo es erlaubt ist, zu streiken und zu demonstrieren, die Proteste nur auf eine Weise ausgeübt werden sollen, die der Nation oder Wirtschaft keinen Schaden zufügen.

Dürfen „westliche Muslime" gegen Muslime in den Krieg ziehen?

Eine weitere Frage, die oftmals aufkeimt, ist, ob Muslime sich in die Militärstreitkräfte der westlichen Nationen eingliedern dürfen, und ob sie, falls ihnen die Eingliederung erlaubt ist, an militärischen Angriffen gegen muslimische Länder teilnehmen dürfen.

Ein grundlegendes Prinzip im Islam lautet, dass es niemandem gestattet ist, an grausamen Handlungen teilzunehmen. Diese fundamentale Anweisung muss im Bewusstsein jedes Muslims an vorderster Stelle stehen.

In Umständen, wo ein muslimisches Land angegriffen wird, weil es selbst grausam und ungerecht handelte und als Aggressor agierte, hat der Koran die muslimischen Regierungen angewiesen, die Unterdrücker aufzuhalten. Das heißt, dass sie die Gräueltaten unterbinden und sich um Frieden bemühen sollten. Demzufolge ist es also gestattet, in solchen Umständen einzugreifen, um die Gräuel zu beenden.

Indes, wenn die Nation, die sich eines Vergehens schuldig gemacht hat, sich bessert und Frieden errichtet, dann darf das Land oder das Volk auf Grundlage von Vortäuschungen und falscher Versprechen weder Vorteile aus der Situation ziehen noch unterjocht werden. Stattdessen sollte ihm noch einmal konventionelle Staatsfreiheit und Unabhängigkeit gewährt werden.

Militärische Ambitionen sollten demzufolge dazu da sein, Frieden zu errichten, und nicht, um irgendwelche persönlichen Interessen zu erfüllen.

Gleichermaßen gewährt der Islam jedem Land, egal ob muslimisch oder nicht, das Recht, Grausamkeit und Unterdrückung zu stoppen. Insofern können nicht-muslimische Länder, sofern es notwendig ist, muslimische Länder angreifen, um diese hehren Ziele zu erreichen. Muslimen in diesen nicht-muslimischen Ländern ist es erlaubt, den Streitkräften jener nicht-muslimischen Länder beizutreten, um eben jenes andere Land vor Grausamkeit zu bewahren.

Wenn solche Umstände wirklich vorherrschen, dann müssen die muslimischen Soldaten, welcher westlichen Armee sie auch angehören mögen, den Anweisungen Folge leisten und in den Kampf ziehen, wenn es notwendig ist, Frieden zu errichten.

Wenn nun aber ein Militär die Entscheidung trifft, ungerechterweise ein anderes Land anzugreifen und somit zum Unterdrücker wird, dann hat ein Muslim die Möglichkeit, die Armee zu verlassen, weil er ansonsten einen Akt der Grausamkeit unterstützen würde.

Wenn er diese Entscheidung träfe, dann würde das nicht bedeuten, dass er illoyal seinem Land gegenüber wäre. Die Wahrheit ist, dass in solchen Umständen die Loyalität dem eigenen Land gegenüber erfordern würde, so einen Schritt zu gehen und der eigenen Regierung den Ratschlag zu erteilen, dass sie selbst es nicht zulassen dürfe, in solche Abgründe zu fallen wie jene ungerechten Regierungen und Nationen, die grausam handeln.

Wenn es nun aber verpflichtend ist, dem Militär beizutreten, es keine Möglichkeit der Befreiung gibt und das Gewissen belastet ist, dann sollte ein Muslim das Land verlassen und sich nicht gegen das Gesetz des Landes erheben. Er sollte das Land verlassen, weil es einem Muslim nicht gestattet ist, als Staatsbürger in einem Land zu leben, während er zur gleichen Zeit gegen die Nation agiert oder mit der Opposition kooperiert.

Indes waren dies nur einige Aspekte der islamischen Lehre, welche jeden wahren Muslim zu den wirklichen Erfordernissen der Loyalität und Liebe dem eigenen Land gegenüber führen.

Erfordernisse unseres globalen Dorfes

In der mir zur Verfügung stehenden Zeit war ich nur in der Lage, diese Thematik in Kürze zu streifen. Doch als Schlussfolgerung möchte ich erwähnen, dass wir in der heutigen Zeit beobachten können, dass die Welt zu einem globalen Dorf geworden ist. Die Menschheit ist nahe zusammengerückt. Menschen aller Nationalitäten, Religionen oder Kulturen können in jedem Land vorgefunden werden. Dies erfordert, dass die Führer jeder Nation innehalten und die Gefühle und Empfindungen jedes Menschen respektieren sollten.

Die Staatsführer und ihre Regierungen sollten darin bestrebt sein, Gesetze zu erlassen, die eine Atmosphäre der Wahrhaftigkeit und

Gerechtigkeit hervorrufen, und weniger Gesetze erlassen, die dafür verantwortlich sind, dass sich Elend und Frustration unter der Bevölkerung verbreiten.

Ungerechtigkeit und Grausamkeit sollten ausgemerzt werden und stattdessen sollten wir nach wahrer Gerechtigkeit streben. Dies kann am besten realisiert werden, wenn die Welt ihren Schöpfer erkennt. Jede Form der Loyalität ist verknüpft mit der Loyalität zu Gott. Wenn dies eintrifft, dann werden wir mit unseren eigenen Augen bezeugen, dass die allerhöchsten Grade der Loyalität von den Bevölkerungen aller Länder begründet werden und neue Wege, die zu Frieden und Sicherheit führen, in aller Welt geebnet werden.

Bevor ich zum Abschluss komme, möchte ich die Möglichkeit wahrnehmen, Ihnen allen noch einmal dafür meinen Dank auszusprechen, mich heute eingeladen und mir zugehört zu haben.

Möge Gott Sie alle segnen; und möge Gott Deutschland segnen.

Vielen Dank.

Auf der Schwelle zum Atomkrieg

Ein internationaler Aufruf zum Frieden

---

9. Peace-Symposium in London 2012

NATIONAL PEACE SYMPOSIUM
2012
لا اله الا الله محمد رسول الله

Vorwort

Am 24 März 2012 wurde in der Bait-ul-Futuh Moschee zu London, der größten Moschee Westeuropas, das 9. Jährliche Peace-Symposium (Friedenskonferenz) von der Ahmadiyya Muslim Gemeinde des Vereinigten Königreichs organisiert. Die Veranstaltung zog ein Publikum von mehr als Tausend Besuchern an, darunter Regierungsminister, Staatsbotschafter, Mitglieder sowohl des Houses of Commons als auch des Houses of Lords, der Bürgermeister von London sowie weitere Würdenträger, Nachbarn und Gäste aus den unterschiedlichsten Bereichen der Gesellschaft.

Das Thema des diesjährigen Symposiums war der „Internationale Frieden". Der zum dritten Mal verliehene „Ahmadiyya Muslim Preis für die Förderung des Friedens" wurde in Anerkennung der fortfahrenden Anstrengungen zur Bekämpfung des Leidens von verwaisten und ausgestoßenen Kindern weltweit und der Erfüllung der Vision einer liebevollen Heimat für jedes Kind von Seiner Heiligkeit Mirza Masroor Ahmad[aba] an die Wohltätigkeitsorganisation „SOS Kinderdorf UK" verliehen.

Unter den Gästen befanden sich:

- Rt Hon Justine Greening - MP, Staatssekretär für Verkehr
- Jane Ellison - MP (Battersea)
- Seema Malhotra - MP (Feltham and Heston)
- Tom Brake - MP (Carlshalton and Wallington)
- Virendra Sharma - MP (Ealing and Southall)
- Lord Tariq Ahmad of Wimbledon
- HE Wesley Momo Johnson - Botschafter von Liberia
- HE Abdullah Al-Radhi - Botschafter von Jemen
- HE Miguel Solano-Lopez - Botschafter von Paraguay
- Commodore Martin Atherton - Regionaler Marine Kommandant
- Councillor Jane Cooper - Bürgermeister von Wandsworth
- Councillor Milton McKenzie MBE - Bürgermeister von Barking und Dagenham
- Councillor Amrit Mann - Bürgermeister von Hounslow
- Siobhan Benita - Unabhängige Bürgermeisterkandidatin in London
- Diplomatan diverser Länder; u.a. von Indien, Kanada, Indonesien und Guinea

Auf der Schwelle zum Atomkrieg
Ein internationaler Aufruf zum Frieden

Im Namen Allahs, des Gnädigen und immer Barmherzigen

Sehr geehrte Gäste,
Assalam-o-Alaikum Wa Rahmatullahe Wa Barakatohu
Frieden und Segnungen Allahs seien mit Ihnen.

Nach einem Jahr habe ich erneut die Gelegenheit, alle unsere ehrenwerten Gäste zu dieser Veranstaltung willkommen zu heißen. Ich bin Ihnen allen außerordentlich dankbar, dass Sie sich die Zeit genommen und heute hier erschienen sind.

In der Tat ist die Mehrheit von Ihnen mit dieser Veranstaltung bereits gut vertraut, welche als Friedenskonferenz bekannt geworden ist. Diese Veranstaltung wird jedes Jahr von der Ahmadiyya Muslim Jamaat organisiert und ist lediglich eine von unseren vielen Bemühungen in dem Bestreben, unseren Wunsch zu erfüllen, Frieden in der Welt zu etablieren.

Unter den Anwesenden sind heute einige neue Freunde, die dieser Veranstaltung erstmalig beiwohnen, während wiederum andere bereits alte Freunde sind, die unsere Anstrengungen seit vielen Jahren schon unterstützen. Ungeachtet dessen, sind Sie alle gebildet und teilen unseren Wunsch, Frieden in der Welt zu etablieren. Und eben dieser Wunsch ist es, der Sie alle zu dieser Veranstaltung kommen ließ. Sie alle sind heute mit dem Herzenswunsch hier, dass die Welt mit Liebe, Zuneigung und Freundschaft erfüllt werde. Es ist genau diese Grundhaltung und es sind diese Werte, nach denen sich die breite

Mehrheit der Welt sehnt und derer sie auch bedarf. In Anbetracht all dessen, sind dies die Gründe, weshalb Sie allesamt, die von verschiedener Herkunft, Nation und Religion sind, heute vor mir sitzen.
Wie ich bereits sagte, halten wir diese Konferenz jedes Jahr ab; und bei jeder einzelnen Veranstaltung wird die gleiche Empfindung und die gleiche Hoffnung von uns allen ausgedrückt, nämlich dass sich der Frieden auf der Welt vor unseren Augen entwickeln und etablieren möge. Genauso bitte ich Sie alle jedes Jahr darum, sich nach Kräften zu bemühen, den Frieden zu fördern und voranzubringen, wo immer Sie die Möglichkeit dazu haben, und mit wem auch immer Sie in Kontakt stehen. Fernerhin richte ich an all jene, die mit politischen Parteien oder Regierungen in Verbindung stehen, die Bitte, diese Botschaft des Friedens auch in ihren Einflussbereich hineinzutragen. Es ist maßgeblich, dass jeder dafür sensibilisiert wird, dass zur Erreichung des Weltfriedens der Bedarf nach hohen und fundamentalen moralischen Werten größer denn jemals zuvor ist.

Die Welt muss ihren Schöpfer erkennen

Was die Ahmadiyya Muslim Jamaat betrifft, so verleihen wir, wo und wann immer sich die Gelegenheit dazu ergibt, unserer Sichtweise offen Ausdruck, dass es nur einen Weg gibt, um die Welt vor der Zerstörung und Verwüstung zu bewahren, auf die sie zuläuft; und dieser besteht darin, dass wir uns alle nach Kräften bemühen müssen, Liebe, Zuneigung und einen Sinn für Gemeinschaft zu verbreiten. Am wichtigsten ist hierbei, dass die Welt ihren Schöpfer erkennen muss, Der der eine und einzige Gott ist. Der Grund dafür liegt darin, dass erst die Erkenntnis des Schöpfers uns zu Liebe und Barmherzigkeit für Seine Schöpfung führt. Und wenn dies zu einem Teil unseres Charakters wird, werden wir auch zu Empfängern von Gottes Liebe.

Wir erheben fortwährend unsere Stimme und rufen nach Frieden in der Welt; und es ist der Schmerz und das Leid, die wir in unseren Herzen verspüren, die uns anspornen, uns darin zu bemühen, das Leiden der Menschheit zu verringern und die Welt, in der wir leben, zu einem besseren Ort zu machen. Tatsächlich ist diese Veranstaltung nur eine von unseren vielen Unternehmungen, um dieses Ziel zu erreichen.

Allenthalben Krieg und Unfrieden

Sie allesamt hegen ebenfalls diese gleichen noblen Wünsche, wie ich bereits ausführte. Überdies habe ich wiederholt auch Politiker und Religionsführer aufgerufen, sich um den Frieden zu bemühen. Dennoch sehen wir trotz all dieser Anstrengungen, dass Angst und Unruhe auf der gesamten Welt sich zunehmend verbreiten und wachsen. Wir finden in der heutigen Welt sehr viele Kämpfe, Unruhen und Krisen vor. In manchen Ländern bekämpfen sich Bürger und führen Kriege gegeneinander. In einigen Nationen kämpfen Bürger gegen ihre Regierung oder umgekehrt greifen die Machthaber ihre eigene Bevölkerung an. Terroristengruppen schüren Anarchie und Gesetzeslosigkeit, um ihre eigennützigen Interessen zu erreichen; und so töten sie willkürlich Frauen, Kinder und Ältere. In einigen Ländern bekämpfen sich politische Parteien gegenseitig als Mittel zur Erlangung der jeweils eigenen Interessen, anstatt für die Verbesserung ihrer eigenen Nationen zusammenzuarbeiten und sich zu einigen. Des Weiteren finden wir auch einige Regierungen und Länder vor, die fortdauernd ihre Blicke mit Neid auf die Ressourcen anderer Nationen richten. Die großen Mächte der Welt sind eingenommen von ihren Anstrengungen, ihre Vorrangstellung aufrechtzuerhalten, und lassen nichts unversucht in ihren Versuchen, dieses Ziel zu erlangen.

Kritische Stimmen werden unterdrückt

Eingedenk all dieser Tatsachen müssen wir feststellen, dass weder die Ahmadiyya Muslim Jamaat noch die Mehrheit von Ihnen, als Bürger dieser Gesellschaft, die Macht oder Autorität besitzen, Strategien und Politiken zu entwickeln, um eine positive Veränderung herbeizuführen. Der Grund ist, dass wir keine Regierungsgewalt inne haben oder ein Regierungsamt bekleiden. Tatsächlich würde ich sogar soweit gehen zu sagen, dass selbst die Politiker, zu denen wir freundschaftliche Beziehungen aufgebaut haben und die stets mit uns übereinstimmen, wenn sie in unserer Gesellschaft sind, nicht in der Lage sind, frei sprechen zu können. Stattdessen sind auch ihre Stimmen unterdrückt und sie sind daran gehindert, ihre Ansichten zu übermitteln. Dies liegt daran, dass sie entweder angehalten sind, Parteipolitiken zu befolgen, oder dass möglicherweise externer Druck von anderen Weltmächten oder politischen Verbündeten auf ihnen lastet, der sie niederdrückt.
Dennoch halten wir, die jedes Jahr an diesem Friedenssymposium teilnehmen, zweifellos an unserem Wunsch fest, Frieden zu stiften, und wir verleihen mit Gewissheit unseren Ansichten und Gefühlen Ausdruck, dass Liebe, Zuneigung und Brüderlichkeit zwischen allen Religionen, Nationen, ethnischen Gruppen und gewiss zwischen allen Menschen erreicht werden sollte; auch wenn wir bedauerlicherweise machtlos sind, diese Vision tatsächlich umzusetzen. Wir besitzen nicht die Autorität oder die Mittel, um jene Ergebnisse zu erzielen, nach denen wir uns sehnen.

Gerechtigkeit und Fairness müssen etabliert werden

Ich erinnere mich, dass ich genau in dieser Halle einige Jahre zuvor anlässlich unseres Friedenssymposiums eine Ansprache hielt, in der ich ausführlich die Wege und Mittel zur Erlangung des Weltfriedens beschrieb und dabei auch darüber sprach, wie die Vereinten Nationen arbeiten sollten. Im Anschluss daran kommentierte unser sehr nahestehender und verehrter Freund Lord Eric Avebury, dass diese Ansprache direkt vor den Vereinten Nationen hätte gehalten werden müssen. Gleichwohl war dies ein Ausdruck seines noblen Charakters, dass er in seiner Bemerkung derart großzügig und freundlich war. Was ich jedoch sagen möchte, ist, dass das ledigliche Halten oder Zuhören einer Ansprache oder einer Vorlesung nicht ausreicht und auch nicht zur Etablierung von Frieden führt. Fakt ist, dass das Haupterfordernis zur Erfüllung dieses obersten Ziels in der absoluten Gerechtigkeit und Fairness in sämtlichen Angelegenheiten liegt. Der Heilige Koran gibt uns in der Sure 4, im Vers 136 eine goldene Regel und Lehre vor und leitet uns in dieser Hinsicht. Dort heißt es, dass als Mittel zur Verwirklichung der Bedingungen von Gerechtigkeit, man sogar dann, wenn man gegen sich selbst, gegen die eigenen Eltern oder nahestehende Verwandte und Freunde Zeugnis ablegen und aussagen muss, dies tun sollte. Wahre Gerechtigkeit liegt dann vor, wenn persönliche Interessen für das Gemeinwohl beiseitegelegt werden

Wenn wir über diese Regel auf der gemeinschaftlichen Ebene nachdenken, dann werden wir erkennen, dass unfaire, auf Reichtum und Einfluss basierende Lobbymethoden aufgegeben werden sollten. Stattdessen sollten die Vertreter und Botschafter jeder einzelnen Nation mit Aufrichtigkeit und dem Wunsch, die Prinzipien der Gerechtigkeit und Gleichheit zu unterstützen, hervortreten. Wir müssen alle Formen der Voreingenommenheit und Diskriminierung ausmerzen, da dies das einzige Mittel ist, Frieden zu erreichen. Wenn wir die Mitgliederversammlung der Vereinten Nationen oder den Sicherheitsrat betrachten, können wir erkennen, dass dort geäußerte Aussagen oder Reden oft großes Lob und große Zustimmung erhalten; aber derarti-

ger Beifall ist bedeutungslos, da die eigentlichen Entscheidungen bereits vorher festgelegt wurden.
Wenn folglich Entscheidungen auf der Grundlage von Druck oder Lobbyarbeit der großen Mächte entgegen gerechter und wirklich demokratischer Möglichkeiten gefällt werden, dann erweisen sich solche Reden als leer und bedeutungslos und dienen allein dem Schein und der Täuschung der Außenwelt. Jedoch bedeutet all dies nicht, dass wir entmutigt werden und aufgeben sowie alle unsere Bemühungen einstellen. Vielmehr sollte unser Ansatz darin bestehen, weiter damit fortzufahren, die Regierung an die Bedürfnisse der Zeit zu erinnern, indem wir uns im Rahmen der Gesetze des Landes bewegen. Wir müssen zudem solche Gruppen, die eigennützige Interessen verfolgen, in der passenden Art und Weise beraten, so dass auf der globalen Ebene sich Gerechtigkeit durchsetzen kann. Nur dann werden wir erleben können, wie sich die Welt in eine Stätte des Friedens und der Harmonie wandelt, etwas, das wir alle begehren und uns wünschen.

Sich trotzdem für den Frieden einsetzen

Deshalb können und dürfen wir unsere Anstrengungen nicht aufgeben. Wenn wir aufhören, unsere Stimmen gegen Grausamkeit und Ungerechtigkeit zu erheben, dann werden wir auch zu jenen gehören, die keine moralischen Werte oder Standards jeglicher Art haben. Es ist irrelevant, ob die Wahrscheinlichkeit besteht oder nicht besteht, dass unsere Stimmen gehört werden oder ob sie Einfluss ausüben können. Wir müssen damit fortfahren, anderen den Frieden nahezulegen. Ich bin stets hocherfreut, wenn ich sehe, dass so viele Menschen ungeachtet der Verschiedenheit ihrer Religion und Nationalität alleine um die Aufrechterhaltung menschlicher Werte willen zu dieser Veranstaltung kommen, um zuzuhören, zu lernen und darüber zu sprechen, wie Frieden und Barmherzigkeit in der Welt etabliert werden können. Daher möchte ich Sie alle bitten, Ihre besten Möglichkeiten ausschöpfend sich um Frieden zu bemühen, so dass wir den Hoffnungsschimmer erleuchtet halten können, dass eine Zeit kommen wird, in der wahrer Friede und Gerechtigkeit in allen Teilen der Welt verankert sein werden.

Gottes Zorn

Wir müssen in Erinnerung behalten, dass, wenn menschliche Versuche scheitern, letztlich der allmächtige Gott selbst das Schicksal der Menschheit beschließt und festlegt. Bevor jedoch Gottes Beschluss sich in Bewegung setzt und die Menschen dazu zwingt, sich Ihm zuzuwenden und die Rechte der Menschheit zu erfüllen, wäre es bei weitem besser, wenn die Menschen auf dieser Welt selbst lernen würden, diesen entscheidenden Angelegenheiten Aufmerksamkeit zu widmen. Wenn der allmächtige Gott nämlich veranlasst wird, zu handeln, dann wird Sein Zorn die Menschheit in einer wahrlich strengen und Furcht einflößenden Art und Weise ergreifen.

Auf der Schwelle zu einem atomaren Weltkrieg

In der heutigen Welt könnte eine erschreckende Manifestation von Gottes Beschluss in der Form eines weiteren Weltkrieges auftreten. Es bestehen keine Zweifel darüber, dass die Konsequenzen eines solchen Krieges und seiner Zerstörung nicht nur auf den Krieg selbst oder gar diese Generation beschränkt bleiben würden. Tatsache ist, dass seine schrecklichen Folgen sich innerhalb mehrerer Generationen offenbaren werden. Allein eine tragische Konsequenz eines derartigen Krieges würde die Wirkung auf neugeborene Kinder sein, sowohl auf

die, die jetzt geboren werden, als auch auf jene, die in der Zukunft das Licht der Welt erblicken. Die heute zur Verfügung stehenden Waffen sind dermaßen zerstörerisch, dass sie dazu führen könnten, dass über Generationen hinweg Kinder mit ernsthaften genetischen Defekten oder körperlichen Behinderungen auf die Welt kommen.
Japan ist jenes Land, das die schauderhaften Folgen des Atomkriegs erfahren hat, als es während des Zweiten Weltkrieges mit Nuklearbomben angegriffen wurde. Auch wenn man heute noch Japan besucht und die dortigen Bewohner trifft, kann man in ihren Augen sowie anhand dem, was sie sagen, ihre große Angst und ihren Hass auf den Krieg erkennen. Dabei waren die Nuklearbomben, die damals verwendet wurden und die eine großflächige Zerstörung verursacht haben, weitaus weniger gewaltig als jene Atomwaffen, die sich heute sogar im Besitz von kleinen Nationen befinden.

Nachhaltige Zerstörung durch nukleares Potential

Es wird gesagt, dass in Japan auch nach dem Verstreichen von sieben Dekaden die Wirkungen der Atombomben bei neugeborenen Kindern nach wie vor sichtbar sind. Wenn eine Person von einer Gewehrkugel getroffen wurde, dann ist es zuweilen möglich, dass sie mithilfe medizinischer Behandlung überlebt; aber wenn ein Nuklearkrieg ausbricht, dann haben diejenigen, die in der Schusslinie stehen, dieses Glück nicht. Stattdessen werden wir erleben, dass Menschen augenblicklich sterben und wie Statuen einfrieren, und ihre Häute geradezu wegschmelzen. Trinkwasser, Essen und Vegetation werden kontaminiert und durch Strahlung verseucht sein. Wir können uns lediglich vorstellen, zu welchen Arten von Erkrankungen eine solche Verseuchung führen wird. Auch an solchen Orten, die zwar nicht direkt angegriffen werden und in denen die Wirkungen der Strahlung etwas geringer ausfallen, nimmt das Risiko für Erkrankungen und Leiden merklich zu und auch dort tragen zukünftige Generationen größere Gefahren mit sich.

Folglich werden die zerstörerischen und verheerenden Konsequenzen eines solchen Krieges nicht alleine auf den Krieg selbst und sein Nachspiel beschränkt bleiben, sondern von Generation zu Generation weiter fortbestehen, wie ich schon bereits ausführte. Dies sind die eigentlichen Folgen eines derartigen Krieges und dennoch gibt es auch heute noch selbstsüchtige und törichte Menschen, die außerordentlich auf ihre Erfindungen stolz sind und das, was sie entwickelt haben, als ein Geschenk an die Welt bezeichnen.

Die Wahrheit ist, dass die angeblich nutzbringenden Aspekte der Nuklearenergie und -technologie außergewöhnlich gefährlich sein und zu breiter Vernichtung führen können, sei dies aufgrund fahrlässigen Verhaltens oder durch Unfälle. Wir haben bereits solche Katastrophen mitansehen können, wie beispielsweise den Nuklearunfall, der sich 1986 in Tschernobyl, heute Teil der Ukraine, ereignete, und gerade letztes Jahr erst in Japan nach dem Erdbeben und dem Tsunami, so dass dieses Land wiederum großer Gefahr entgegensehen musste und in Angst versetzt wurde. Wenn solche Ereignisse eintreten, dann ist es auch mit großen Schwierigkeiten verbunden, die betroffenen Gebiete wieder zu besiedeln. Infolge ihrer einzigartigen und tragischen Erfahrungen sind die Japaner besonders vorsichtig geworden, ja, gewiss ist ihr Gefühl für Angst und Terror vollkommen gerechtfertigt.

Es ist eine offenkundige Feststellung, dass Menschen in Kriegen sterben. Als deshalb Japan in den Zweiten Weltkrieg einstieg, waren sich dessen Regierung und Bevölkerung nur allzu gut bewusst, dass einige Menschen ihr Leben lassen würden. Es heißt, dass schätzungsweise drei Millionen Menschen in Japan gestorben sind, was ungefähr vier Prozent der Landesbevölkerung ausmachte. Auch wenn mehrere andere Länder weitaus größer ausfallende Zahlenverhältnisse von Toten im Hinblick auf ihre Gesamtbevölkerung zu beklagen haben, sind der Hass und die Abneigung gegen Krieg, die wir bei Japanern vorfinden können, im Vergleich zu anderen deutlich ausgeprägter. Dies hat sicherlich seinen Grund in den Nuklearbomben, die im Zweiten Weltkrieg über Japan abgeworfen wurden, und in den daraus resultierenden Folgen, welche sie nach wie vor miterleben und auch heute noch ertragen. Japan hat Größe und Widerstandsfähigkeit bewiesen, indem es relativ schnell seine Städte wieder besiedeln und rehabilitieren konnte.

Teile der Welt könnten von der Weltkarte weggefegt werden

Aber es muss deutlich gesagt werden, dass im Falle eines erneuten Einsatzes von nuklearen Waffen im hier und jetzt es durchaus möglich ist, dass Teile bestimmter Länder ganz und gar von der Weltkarte weggefegt werden. Sie könnten aufhören, zu existieren.
Vorsichtige Schätzungen legen die Anzahl der Toten des Zweiten Weltkrieges auf etwa 62 Millionen fest, wobei es aber auch heißt, dass ungefähr 40 Millionen von den Getöteten Zivilisten waren. Mit anderen Worten ausgedrückt, es haben mehr Zivilpersonen ihre Leben verloren als Soldaten. Eine derlei Vernichtung ist widerfahren trotz des Faktums, dass mit Ausnahme von Japan überall sonst in althergebrachter Weise Krieg geführt und mit konventionellen Waffen gekämpft wurde.
Das Vereinigte Königreich musste einen Verlust von cirka einer halben Millionen Menschen ertragen. Freilich war das Vereinigte Königreich damals noch eine Kolonialmacht gewesen, so dass auch dessen Kolonien in seinem Auftrag kämpften. Wenn wir ihre Verluste mit einbeziehen, dann steigt die Anzahl der Toten auf Millionen. Allein

in Indien haben um die 1,6 Millionen Menschen ihr Leben verloren. Jedoch ist die Situation heute anders und genau jene Länder, die einst Kolonien des Vereinigten Königreichs waren und für das Britische Weltreich gekämpft haben, könnten nun im Falle eines Kriegsausbruchs gegen Großbritannien in den Kampf ziehen. Obendrein haben inzwischen auch kleine Nationen, wie ich bereits erwähnt habe, nukleare Waffen in ihren Besitz gebracht.

Nuklearwaffen in den Händen der Falschen

Was eine besonders große Angst auslöst, ist das Wissen, dass derartige nukleare Waffen in den Händen solcher Menschen gelangen können, die entweder nicht die Fähigkeit dazu haben oder aber sich dagegen entscheiden, über die Konsequenzen ihrer Handlungen nachzudenken. Die Wahrheit ist, dass solchen Menschen die Konsequenzen noch nicht einmal kümmern; sie sind kriegslüstern.
Wenn daher die großen Mächte nicht mit Gerechtigkeit agieren, die Frustrationen der kleineren Nationen nicht beseitigen und keine bedeutenden und weisen Politiken und Strategien aufnehmen, dann wird die Lage außer Kontrolle geraten und die Zerstörung, die darauf folgen wird, wird außerhalb unseres Verstehens und unserer Vorstellung sein. Selbst der Großteil der Welt, der sich nach Frieden sehnt, wird ebenfalls in dieser Verwüstung versinken.
Deswegen ist es mein inständiger Wunsch und meine Hoffnung, dass die Führer aller großen Nationen zur Erkenntnis dieser schauderhaften Realität gelangen, und so anstatt der Übernahme aggressiver Politiken und der Ausübung von Machtgewalt, um ihre Ziele und Zwecke zu erreichen, sich vielmehr darin engagieren, solche Politiken zu verfolgen, die Gerechtigkeit fördern und sichern.

Ein Krieg an der Grenze Europas

Kürzlich sprach ein ranghoher russischer Offizier eine ernsthafte Warnung über die potentielle Gefahr eines Nuklearkriegs aus. In seiner Ansicht würde ein solcher Krieg nicht in Asien oder wo anders, sondern an den Grenzen Europas geführt werden, und die Bedrohung würde wohl von den osteuropäischen Ländern ausgehen und sich auch dort entzünden. Zwar würden einige Personen sagen, dass dies lediglich seine persönliche Meinung ist, aber ich halte seine Ansichten nicht für undenkbar. Allerdings glaube ich aber, dass im Falle eines Kriegsausbruchs es sehr wahrscheinlich ist, dass auch die asiatischen Länder involviert werden.
Eine andere Nachrichtenmeldung, die jüngst umfassende Aufmerksamkeit in den Berichterstattungen der Medien erhielt, betrifft die Ansichten eines vor Kurzem erst in den Ruhestand getretenen Chefs des israelischen Geheimdienstes Mossad. Während eines Interviews mit dem wohlbekannten amerikanischen Fernsehsender CBS sagte er, dass es sichtbar wurde, dass die israelische Regierung Krieg gegen den Iran führen möchte. Er äußerte, dass im Falle dessen, dass ein solcher Angriff realisiert werden würde, es dann unmöglich wäre zu wissen, wo und wie ein derartiger Krieg ein Ende finden wird. Dementsprechend riet er vehement von einem Angriff ab.
Diesbezüglich ist meine Auffassung, dass ein solcher Krieg mit einer nuklearen Zerstörung enden wird.

Parallelen zur Zeit vor dem Zweiten Weltkrieg

Neulich bin ich auf einen Artikel gestoßen, in dem der Verfasser angab, dass die gegenwärtige Lage der Welt Ähnlichkeiten zu der Situation 1932 aufweist, sowohl in wirtschaftlicher als auch politischer

Hinsicht. Er schrieb, dass in bestimmten Ländern die Menschen kein Vertrauen zu ihren Politikern oder sogenannten Demokratien hatten. Ebenso führte er auch aus, dass es eine Reihe weiterer Ähnlichkeiten und Parallelen gab, die zusammengenommen das gleiche Bild heute ergeben, welches kurz vor dem Ausbruch des Zweiten Weltkrieges beobachtet werden konnte.

Einige mögen seiner Analyse widersprechen, ich hingegen stimme mit ihr überein; und deshalb glaube ich, dass die Regierungen der Welt im höchsten Maße beunruhigt und über den derzeitigen Stand der Dinge besorgt sein sollten. In ähnlicher Weise sollten auch die ungerechten Machthaber einiger muslimischer Länder, deren einziges Ziel darin besteht, an ihrer Macht mit allen Mitteln und um jeden Preis festzuhalten, zu Sinnen kommen. Andernfalls werden ihre Handlungen und ihre Torheit die Mittel ihres Untergangs sein; und sie werden ihre jeweiligen Länder in eine außerordentlich erschreckende Zwangslage führen.

Wir, die Mitglieder der Ahmadiyya Muslim Jamaat, versuchen unser Äußerstes, um die Welt und die Menschheit vor einer Vernichtung zu bewahren. Dies liegt daran, dass wir in dieser Ära den Imam der Zeit anerkannt haben, der von Allah als der Verheißene Messias gesandt wurde und als ein Diener des Heiligen Propheten Muhammad[saw] erschienen ist, der selbst als eine Barmherzigkeit für das gesamte Menschengeschlecht entsandt worden war.

Weil wir eben den Lehren des Heiligen Propheten[saw] folgen, fühlen wir angesichts der Lage der Welt auch diesen außergewöhnlichen Schmerz und Kummer in unseren Herzen. Dieser Schmerz ist es, der uns in unseren Bemühungen antreibt, die Menschheit vor Vernichtung und Leiden zu bewahren zu versuchen. Darum sind sowohl alle anderen Ahmadi Muslime als auch ich bestrebt darin, unsere Verantwortungen zu erfüllen, um Frieden auf der Welt zu erreichen.

Briefe an den Papst, Netanjahu und Ahmadinejad

Ein Weg, durch den ich versucht habe, Frieden zu fördern, bestand darin, dass ich eine Reihe von Briefen an bestimmte Führungspersonen der Welt geschrieben habe. Einige Monate zuvor schrieb ich einen Brief an Papst Benedikt, der ihm durch einen Ahmadi Vertreter von mir persönlich überbracht wurde. In diesem Schreiben äußerte ich ihm gegenüber, dass er als Oberhaupt der größten Religionsgemeinschaft der Welt sich nach Kräften darum bemühen sollte, Frieden zu etablieren. Beobachtend, dass die Feindseligkeiten zwischen Iran und Israel zu einem sehr gefährlichen Grad überkochen, sandte ich jüngst in ähnlicher Form auch Briefe an Israels Premierminister Benjamin Netanjahu und Irans Präsident Mahmud Ahmadinejad, in denen ich sie dringlich gebeten habe, beim Fällen von Entscheidungen jegliche Arten von Hast und Leichtsinnigkeit um der Menschheit willen aufzugeben. Ebenso habe ich kürzlich auch an Präsident Barack Obama und Kanadas Premierminister, Stephen Harper, geschrieben, indem ich beide dazu aufgerufen habe, ihre Rollen und Verantwortungen für die Entwicklung von Frieden und Harmonie in der Welt wahrzunehmen.

Ich beabsichtige ferner, in der nahen Zukunft auch andere Staatsoberhäupter und Machthaber anzuschreiben und zu warnen.

Ich weiß nicht, ob meinen Briefen irgendein Wert oder Gewicht von den verschiedenen Oberhäuptern, die ich angeschrieben habe, beigemessen wird; aber wie auch immer ihre Reaktionen ausfallen mögen, so ist doch ein Versuch meinerseits unternommen worden, als Kalif und spirituelles Oberhaupt von Millionen von Ahmadi Muslimen weltweit ihr Empfinden und ihre Gefühle bezüglich der gefahrvollen Lage der Welt zu übermitteln.

Wohlgemerkt, ich habe diesen Empfindungen nicht aufgrund irgendwelcher persönlichen Ängste Ausdruck verliehen, vielmehr resultiert mein Ansporn aus aufrichtiger Liebe für die Menschheit.

Eine Barmherzigkeit für die Menschheit

Diese Liebe für die Menschheit hat sich bei allen wahrhaftigen Muslimen durch die Lehren des Heiligen Propheten Muhammad[saw] entwickelt und eingeträufelt, der, wie ich bereits erwähnte, als Träger von Barmherzigkeit und Mitgefühl für die gesamte Menschheit entsandt worden war.
Vermutlich werden Sie sehr überrascht oder gar geschockt sein zu hören, dass unsere Liebe für die Menschheit ein unmittelbares Ergebnis der Lehren des Heiligen Propheten[saw] ist. Vielleicht fragen Sie sich, warum es dann muslimische Terroristengruppen gibt, die unschuldige Menschen umbringen, oder warum es muslimische Regierungen gibt, die um ihre Machtsitze zu schützen, die Massentötungen von ihren eigenen Bürgern anordnen.

Der Messias reformierte den Islam

Lassen Sie mich klarstellen, dass in Wahrheit solche bösartigen Akte den tatsächlichen Lehren des Islam vollkommen gegensätzlich sind. Der Heilige Koran erlaubt unter keinen Umständen Extremismus oder Terrorismus.
Gemäß unserem Glauben hat der allmächtige Gott in diesem Zeitalter den Begründer der Ahmadiyya Muslim Jamaat, Seine Heiligkeit Mirza Ghulam Ahmad von Qadian[as] als den Verheißenen Messias und Imam Mahdi in vollkommener Unterordnung dem Heiligen Propheten Muhammad[saw] entsandt. Der Verheißene Messias[as] ist geschickt worden, um die wahren und wirklichen Lehren des Islam und des

Heiligen Koran zu verbreiten. Er ist gesandt worden, um eine Bindung zwischen dem Menschen und dem allmächtigen Gott zu fördern. Er ist geschickt worden, um die Rechte, die ein Mensch einem anderen schuldet, festzustellen und zu erkennen. Er ist entsandt worden, um jegliche religiösen Kriege zu beenden. Er ist geschickt worden, um Respekt, Würde und Ehre für jeden Religionsstifter und jeden Propheten aus jeder Religion zu etablieren. Er ist gesandt worden, um die Aufmerksamkeit auf die Erreichung hoher Standards von moralischen Werten zu lenken und um Frieden, Liebe, Zuneigung und Brüderlichkeit auf der gesamten Welt zu stiften.

Wenn Sie irgendeinen Teil der Erde aufsuchen, werden Sie diese Qualitäten in allen wahren Ahmadi Muslimen tief verwurzelt vorfinden. Für uns sind weder Terroristen noch Extremisten Vorbilder, sowie auch die grausamen muslimischen Diktatoren für uns keine Leitbilder darstellen und ebenso haben auch die westlichen Mächte keine Vorbildfunktion für uns. Das Beispiel, dem wir folgen, ist das Vorbild des Gründers des Islam, des Heiligen Propheten Muhammad[saw]; und unsere Richtschnur ist der Heilige Koran.

Die Botschaft des Islam ist die der Liebe, Zuneigung, Güte und des Friedens

Demgemäß sende ich von diesem Friedenssymposium aus eine Nachricht an die gesamte Welt, nämlich dass die Botschaft und die Lehren des Islam die der Liebe, Zuneigung, Güte und des Friedens sind.

Traurigerweise sehen wir eine kleine Minderheit von Muslimen, die ein vollkommen verzerrtes Bild des Islam präsentiert und entsprechend ihrer fehlgeleiteten Gesinnung handelt. Ich möchte Ihnen allen gegenüber bemerken, dass Sie dies nicht als den wahren Islam betrachten und demgemäß solche irregeleitete Akte nicht als einen

Freibrief benutzen sollten, die Gefühle der friedliebenden Mehrheit der Muslime zu verletzen oder sie zur Zielscheibe von Grausamkeit zu machen.
Der Heilige Koran ist das heiligste und ehrwürdigste Buch für alle Muslime; folglich wird die Verwendung beleidigender und abfälliger Sprache oder seine Verbrennung die Gefühle von Muslimen schmerzlich verletzen. Wir haben mit ansehen können, dass derartige Ereignisse oft zu völlig falschen und unpassenden Reaktionen von extremistischen Muslimen führen.

Gegenseitige Feindseligkeit unterbinden

Erst kürzlich haben wir von zwei Vorfällen in Afghanistan erfahren, bei denen amerikanische Soldaten den Heiligen Koran respektlos behandelt sowie unschuldige Frauen und Kinder in ihren Häusern umgebracht haben. Vergleichbar dazu hat eine erbarmungslose Person einige französische Soldaten im Süden Frankreichs ohne jeglichen Grund erschossen und einige Tage darauf schließlich eine Schule betreten und drei unschuldige jüdische Kinder sowie einen ihrer Lehrer getötet.
Wir können feststellen, dass dieses Verhalten ganz und gar falsch ist und niemals zu Frieden führen kann. Wir können ebenfalls sehen, dass derlei Grausamkeiten sich regelmäßig in Pakistan und anderenorts ereignen; und so bieten all diese Akte den Gegnern des Islam Stärkung für ihren Hass sowie einen Vorwand, auf dem basierend sie großflächig ihre Ziele verfolgen. Solche barbarischen Taten leiten sich, wenn sie kleinräumig verübt werden, nicht von persönlichen Feindseligkeiten oder Groll ab, sondern sind in der Tat vielmehr das Ergebnis von ungerechten Politiken, die von bestimmten Regierungen verfolgt werden, sowohl im inländischen als auch internationalen Bereich.

Der Islam verbietet Grausamkeit und Unterdrückung

Um Frieden in der Welt etablieren zu können, ist es daher erforderlich, dass angemessene Standards der Gerechtigkeit in jedem Bereich und in jedem Land der Erde entwickelt werden. Der Heilige Koran hat das grundlose Töten einer einzelnen unschuldigen Person mit dem Töten der gesamten Menschheit gleichgesetzt.

Als Muslim möchte ich daher nochmals unumstößlich deutlich machen, dass der Islam Grausamkeit oder Unterdrückung in keinster Weise, Form oder Art gestattet. Das ist ein Gebot, welches unabänderlich ist und keine Ausnahme kennt. Der Koran legt weiter fest, dass sogar die Feindseligkeit einer Nation bzw. Person einen nicht davor zurückhalten darf, vollkommen gerecht und fair mit ihnen umzugehen. Es darf nicht sein, dass irgendwelche Feindschaften oder Rivalitäten einen zur Rache oder ungebührlichem Handeln verleiten. Ein anderes entscheidendes Gebot, welches uns der Heilige Koran auferlegt, lautet, die Reichtümer und Ressourcen anderer nicht mit neidischen oder gierigen Blicken zu betrachten.

Ich habe lediglich einige wenige Punkte angesprochen, aber es handelte sich hierbei um besonders bedeutsame Themen, da sie die Grundlage für Frieden und Gerechtigkeit in der Gesellschaft sowie auch in der weiten Welt bilden. Ich bete, dass die Welt diesen Schlüsselfragen Aufmerksamkeit widmen möge, so dass wir vor der Vernichtung der Welt bewahrt werden, auf die wir durch ungerechte und unaufrichtige Personen zugetrieben werden. Ich möchte mich bei dieser Gelegenheit auch dafür entschuldigen, dass ich doch etwas Zeit in Anspruch genommen habe, aber Tatsache ist, dass das Thema der Friedensicherung wirklich äußerst wichtig ist. Die Zeit läuft davon und wir alle müssen den Erfordernissen der Gegenwart große Beachtung und Aufmerksamkeit widmen, bevor es zu spät wird.

Gratulation an Queen Elizabeth II.

Bevor ich meine Rede beende, möchte ich noch über etwas anderes Wichtiges sprechen. Wie uns allen bekannt ist, wird in diesen Tagen das diamantene Jubiläum Ihrer Majestät, Queen Elizabeth II, begangen. Drehen wir die Uhr 115 Jahre zurück zum Jahr 1897, als das diamantene Jubiläum von Queen Victoria gefeiert wurde. Damals sandte der Begründer der Ahmadiyya Muslim Jamaat eine Gratulationsbotschaft an Queen Victoria. In seiner Botschaft überbrachte er sowohl die Lehren des Islam als auch Gebete für die Britische Regierung und das lange Leben der Queen. Dabei schrieb der Verheißene Messias[as] in seiner Botschaft auch, dass die beste Eigenschaft ihrer Regierung sich dadurch auszeichnet, dass unter ihrem Regiment allen Menschen religiöse Freiheit gewährt worden ist.

Heute regiert die Britische Regierung nicht mehr über den Subkontinent, aber nach wie vor sind die Prinzipien der Religionsfreiheit in der britischen Gesellschaft sowie in ihrer Gesetzgebung tief verwurzelt, durch die jeder Person religiöse Freiheit gewährt ist.

In der Tat kann ein sehr schönes Beispiel für diese Freiheit heute Abend miterlebt werden, wo selbst Angehörige verschiedenster Glauben, Religionen und Meinungen an einem Ort mit dem gemeinsamen Bestreben zusammengekommen sind, nach Frieden in der Welt zu suchen.

Insofern möchte ich diesen Anlass nutzen, Queen Elizabeth II. innigste Beglückwünschungen auszusprechen, und zwar mit den gleichen Worten und Gebeten, die der Verheißene Messias (Friede sei auf ihm) verwendete. Er sagte:

> „Mögen unsere Gratulationen gefüllt mit Zufriedenheit und Dankbarkeit unserer mitfühlenden Queen gegenüber übermit-

> telt werden. Und möge die ehrenwerte Queen stets glücklich und zufrieden sein."

Der Verheißene Messias[as] brachte außerdem Gebete für Queen Victoria dar. Ich verwende wiederum seine Worte, um für Queen Elizabeth zu beten:

> „Oh mächtiger und erhabener Gott, halte unsere ehrenwerte Queen durch Deine Gnade und Segnungen stets glücklich, so wie auch wir unsere Leben unter ihrer Gunst und ihrem Wohlwollen glücklich verbringen; und sei ihr gütig und in Liebe zugeneigt, in der gleichen Art und Weise wie wir unter ihrer großzügigen und gerechten Regentschaft in Frieden und Wohlergehen leben."

Dies sind Gefühle der Dankbarkeit, die jeder Ahmadi Muslim empfindet, der ein britischer Staatsbürger ist.
Am Ende möchte ich erneut Ihnen allen aus den Tiefen meines Herzens meine Dankbarkeit zum Ausdruck bringen. Durch Ihr Kommen haben Sie Ihre Liebe, Zuneigung und Brüderlichkeit gezeigt.
Vielen Dank.

Wege zur Gerechtigkeit

Der islamische Ansatz zu einer friedlichen Welt

Capitol Hill, Washington D.C., USA 2012

AHMADIYYA
MUSLIM COMMUNITY
United States of America

MUSLIM COMMUNITY
United States of America
AHMADIYYA
MUSLIM COMMUNITY
United States of America

AHMADIYYA
MUSLIM COMMUNITY
United States of America

Vorwort

Am 27. Juni 2012 fand in Capitol Hill, Washington D.C., eine historische Veranstaltung statt. Seine Heiligkeit Mirza Masroor Ahmad[aba], der fünfte Nachfolger, Kalif, des Verheißenen Messias[as] und Oberhaupt der Ahmadiyya Muslim Gemeinde, hielt eine Ansprache vor führenden Mitgliedern des Kongress, Senatoren, Botschaftern, Mitarbeitern des Weißen Hauses und des State Department, Führer von NGOs, religiöse Führer, Professoren, Politikberater, Mitglieder des Diplomatic Corps, Repräsentative von Think-Tanks und dem Pentagon sowie Journalisten. In dieser Veranstaltung, die erste ihrer Art, hatten einige der einflussreichsten Führungspersönlichkeiten der Vereinigten Staaten, unter anderem Nancy Pelosi, die Führerin der Demokraten im House of Representatives, die Möglichkeit, aus erster Hand die Lehre des Islam hinsichtlich des Weltfriedens zu vernehmen. Nach der Veranstaltung erhielt Seine Heiligkeit eine Führung in den Gebäuden von Capitol Hill, bevor er zu dem House of Representatives eskortiert wurde, in dem eine Resolution zu Ehren seines Besuchs vorgestellt wurde.

Der einleitende Absatz der Resolution erklärte:

Willkommen an Seine Heiligkeit Mirza Masroor Ahmad, das weltweite spirituelle und administrative Oberhaupt der Ahmadiyya Muslim Gemeinschaft, in Washington, DC, und Anerkennung seines Engagements für den Weltfrieden, Gerechtigkeit, Gewaltfreiheit, Menschenrechte, Religionsfreiheit und Demokratie (…)

Die vollständige Liste der Teilnehmer am Ereignis im Capitol Hill lautet wie folgt:

- U.S.-Senator Robert Casey, Sr. (Demokrat Pennsylvania)
- U.S.-Senator John Cornyn (Republikaner Texas)
- Fraktionsvorsitzende der Demokraten Nancy Pelosi (Demkratin Kalifornien)
- U.S.-Kongressmann Keith Ellison (Demokrat Minnesota)
- U.S.-Kongressmann Bradley Sherman (Demokrat Kalifornien)
- U.S.-Kongressmann Frank Wolf (Republikaner Virginia)
- U.S.-Kongressmann Michael Honda (Demokrat Kalifornien)
- U.S.-Kongressmann Timothy Murphy (Republikaner Pennsylvania)
- U.S.-Kongressfrau Jeannette Schmidt (Republikanerin Ohio)
- U.S.-Kongressfrau Janice Hahn (Demokratin Kalifornien)
- U.S.-Kongressfrau Janice Schakowsky (Demokratin Illinois)
- U.S.-Kongressfrau Zoe Lofgren (Demokratin Kalifornien)
- U.S.-Kongressfrau Sheila Jackson Lee (Demokratin Texas)
- U.S.-Kongressmann Gary Peters (Demokrat Michigan)
- U.S.-Kongressmann Thomas Petri (Republikaner Wisconsin)
- U.S.-Kongressmann Adam Schiff (Demokrat Kalifornien)
- U.S.-Kongressmann Michael Capuano (Demokrat Massachusetts)

- U.S.-Kongressmann Howard Berman (Demokrat Kalifornien)
- U.S.-Kongressfrau Judy Chu (Demokratin Kalifornien)
- U.S.-Kongressmann Andre Carson (Demokrat Indiana)
- U.S.-Kongressfrau Laura Richardson (Demokratin Kalifornien)
- U.S.-Kongressmann Lloyd Poe (Republikaner Texas)
- U.S.-Kongressmann Barney Frank (Demokrat Massachusetts)
- U.S.-Kongressmann Bruce Braley (Demokrat Iowa)
- U.S.-Kongressmann Dennis Kucinich (Demokrat Ohio)
- U.S.-Kongressmann Trent Franks (Republikaner Arizona)
- U.S.-Kongressmann Chris Murphy (Demokrat Connecticut)
- U.S.-Kongressmann Hank Johnson (Demokrat Georgia)
- U.S.-Kongressmann James Clyburn (Demokrat South Carolina)
- Seine Exzellenz Bockari Kortu Stevens, Botschafter von Sierra Leone in den Vereinigten Staaten
- Dr. Katrina Lantos Swett, Vorsitzende der United States Kommission für Internationale Religionsfreiheit
- Hon. Tim Kaine, Ehemaliger Gouverneur von Virginia
- Amb. Susan Burk, Spezielle Repräsentantin des Präsidenten Barack Obama für d. Atomwaffensperrvertrag
- Amb. Suzan Johnson Cook, U.S. Sonderbotschafterin für Internationale Religionsfreiheit
- Hon. Khaled Aljalahma, Stellv. Missionschef, Botschaft des Königreichs Bahrain in den Vereinigten Staaten
- Rev. Monsignor Jean-Francois Lantheaume, Erster Berater (Stellv. Missionschef), Die Apostolische Nuntiatur des Vatikans in den Vereinigten Staaten
- Frau Sara Al-Ojaili, Öffentlichkeitsarbeit/Verbindungsbeamtin, Botschaft des Sultanats Oman in den Vereinigten Staaten
- Herr Salim Al Kindie, Erster Sekretär, Botschaft des Sultanats Oman in den Vereinigten Staaten

- Frau Fozia Fayyaz, Botschaft von Pakistan in den Vereinigten Staaten
- Hon. Saida Zaid, Botschaftsrat, Botschaft von Marokko in den Vereinigten Staaten
- Hon. Nabeel Munir, Minister-IV (Sicherheitsrat), Pakistans Ständige Vertretung in den Vereinigten Staaten
- Hon. Josef Renggli, Ministerberater, Botschaft der Schweiz in den Vereinigten Staaten
- Hon. Alyssa Ayres, Stellv. Assistentin Sekretär für Süd-und Zentralasien, U.S.-Auswärtiges Amt
- Amb. Karl Inderfurth, Senior-Berater und Wadhwani Chair in U.S.-India Policy Studies, Center for Strategic and International Studies
- Hon. Donald A. Camp, Senior Associate, Center for Strategic and International Studies
- Amb. Jackie Wolcott, Executive Director, U.S.-Kommission für Internationale Religionsfreiheit
- Dr. Azizah al-Hibri, Beauftragter, U.S.-Kommission für Internationale Religionsfreiheit
- Herr Isaiah Leggett, Bezirksdirektor, Montgomery Count, Maryland
- Frau Victoria Alvarado, Direktorin, Büro für Internationale Religionsfreiheit, U.S.-Auswärtiges Amt
- Dr. Imad Dean Ahmad, Direktor, Minaret of Freedom Institute
- Dr. Zainab Alwani, Assistenz Professorin für Islamstudien, Howard University School of Divinity
- Frau Deborah L. Benedict, Stellv. Beraterin, U.S.-Einwanderungs- und Ausländerbehörde, Ministerium für innere Sicherheit
- Frau Lora Berg, Senior Beraterin d. Sonderbeauftragten für muslimische Gemeinschaften, U.S.-Auswärtiges Amt

- Dr. Charles Butterworth, Professor (Emeritus) für Staatslehre und Politik, University of Maryland, College Park
- Pater John Crossin, Stellv. Direktor des Sekretäriats für Ökumenische und Interreligiöse Angelegenheiten, U.S.- katholische Bischofskonferenz
- Major (Ret.) Franz Gayl, Senior Wissenschaftlicher Berater, U.S.-Marine Corps
- Dr. Sue Gurawadena-Vaughn, Direktorin der Programme für Internationale Religionsfreiheit und Südost-Asien. Freedom House
- Herr Frank Jannuzi, Leiter des Washington-Büros, Amnesty International USA
- Herr T. Kumar, International Advocacy Director, Amnesty International USA
- George Leventhal, Mitglied des Montgomery County Council
- Herr Amer Latif, Gaststipendiat, Wadhwani Chair in U.S.-India Policy Studies, Center for Strategic and International Studies
- Herr Tim Lenderking, Direktor des Pakistan Desk Office, U.S.-Auswärtiges Amt
- Herr Jalal Malik, International Affairs Officer, U.S. Army National Guard
- Herr Naveed Malik, Angestellter im diplomatischen Dienst, U.S.-Auswärtiges Amt
- Frau Dalia Mogahed, Senior Analyst und Executive Director, Gallup Center for Muslim Studies
- Herr Paul Monteiro, Associate Director, White House Office of Public Engagement
- Major General David Quantock, United States Army Provost General
- Frau Tina Ramirez, Director of International and Government Relations, The Becket Fund

- Rabbi David Saperstein, Direktor und Counsel, Religious Action Center for Reform Judaism
- Kaplan, Brigadier General Alphonse Stephenson, Director of the National Guard Bureau Office of the Chaplain
- Herr Knox Thames, Director of Policy and Research, U.S.-Kommission für Internationale Religionsfreiheit
- Herr Eric Treene, Sonderbeauftragter für religiöse Diskriminierung, Abteilung für Bürgerrechte, U.S.- Justizministerium
- Dr. Hassan Abbas, Professor, Abteilung für regionale und analytische Studien, National Defense University
- Herr Malik Siraj Akbar, Reagan-Fascell-Mitglied, National Endowment of Democracy
- Herr Matthew K. Asada, Congressional Fellow zu Rep. Gary Peters
- Frau Stacy Burdett, Direktorin für Regierungs- und Nationale Angelegenheiten, Anti-Defamation League
- Frau Elizabeth Cassidy, Stellv. Direktorin für Policy and Research, U.S.-Kommission für Internationale Religionsfreiheit
- Frau Aimee Chiu, Direktorin für Medien, Kommunikation und Public Relations, American Islamic Congress
- Herr Cornelius Cremin, U.S.-Auswärtiges Amt, Büro für Demokratie, Menschenrechte und Arbeit, Stellv. Geschäftsführender Direktor und Angestellter im diplomatischen Dienst für Pakistan
- Herr Sadanand Dhume, Gastwissenschaftler, American Enterprise Institute
- Dr. Richard Gathro, Dekan des Nyack College, Washington D.C.
- Herr Joe Grieboski, Vorsitzender, The Institute on Religion and Public Policy
- Frau Sarah Grieboski, The Institute on Religion and Public Policy
- Dr. Max Gross, Außerordentlicher Professor, Prince Alwaleed Bin

Talal Center for Muslim-Christian Understanding, Georgetown University

- Dr. Riaz Haider, Clinical Professor of Medicine, George Washington University
- Frau Huma Haque, Assistant Director, South Asia Center, Atlantic Council
- Herr Jay Kansara, Associate Director, Hindu American Foundation
- Herr Hamid Khan, Senior Program Officer, Rule of Law Center, U.S. Institute for Peace
- Frau Valerie Kirkpatrick, Associate for Refugees and U.S. Advocacy, Human Rights Watch
- Herr Alex Kronemer, Unity Productions
- Herr Paul Liben, Executive Writer, U.S.-Kommission für Internationale Religionsfreiheit
- Frau Amy Lillis, Angestellte im diplomatischen Dienst, U.S.-Auswärtiges Amt
- Herr Graham Mason, Legislative Assistant für Rep. Allyson Schwartz
- Frau Lauren Markoe, Religion News Service
- Herr Dan Merica, CNN.com
- Herr Joseph V. Montville, Senior Associate, Merrimack College Center for the Study of Jewish-Christian-Muslim Relations
- Herr Aaron Myers, Program Officer, Freedom House
- Frau Attia Nasar, Regional Coordinating Officer, U.S.-Auswärtiges Amt
- Frau Melanie Nezer, Senior Director, US Policy and Advocacy, HIAS
- Dr. Elliott Parris, Bowie State University
- Herr John Pinna, Director of Government and International Rela-

tions, American Islamic Congress

- Herr Arif Rafiq, Adjunct Scholar, Middle East Institute
- Frau Maya Rajaratnam, Amnesty International
- Frau Rachel Sauer, Angestellte im diplomatischen Dienst, U.S.-Auswärtiges Amt
- Dr. Jerome Schiele, Dekan des College of Professional Studies, Bowie State University
- Frau Samantha Schnitzer, Belegschaft, United States Kommission für Internationale Religionsfreiheit
- Dr. Mary Hope Schwoebel, Senior Program Officer, Academy for International Conflict Management and
- Peacebuilding, U.S. Institute for Peace
- Frau Sarah Schlesinger, International and Government Relations Associate, The Becket Fund
- Dr. Frank Sellin, Kyrgystan Desk Officer, U.S.-Auswärtiges Amt
- Frau Anna-Lee Stangl, Christian Solidarity Worldwide
- Frau Kalinda Stephenson, Professional Staff, Tom Lantos Human Rights Commission
- Herr Jordan Tama, Lead Democratic Staffer, Tom Lantos Human Rights Commission
- Herr Shaun Tandon, AFP
- Dr. Wilhelmus Valkenberg, Professor für Religion and Kultur, The Catholic University of America
- Herr Anthony Vance, Direktor für externe Angelegenheiten, Baha'is in den Vereinigten Staaten
- Herr Jihad Saleh Williams, Beauftragter für Regierungsangelegenheiten, Islamic Relief USA
- Frau Amelia Wang, Stabschefin der Kongressfrau Judy Chu
- Frau Moh Sharma, Legislative Fellow der Kongressfrau Judy Chu

U.S.-Kongress – Resolution des Hauses Nr. 709

112ter Kongress
Zweite Sitzung
H.Res. 709

Willkommen an Seine Heiligkeit Mirza Masroor Ahmad, das weltweite spirituelle und administrative Oberhaupt der Ahmadiyya Muslim Gemeinschaft, in Washington, DC, und Anerkennung seines Engagements für den Weltfrieden, Gerechtigkeit, Gewaltfreiheit, Menschenrechte, Religionsfreiheit und Demokratie.

Im Repräsentantenhaus

27. Juni 2012

Frau Zoe Lofgren aus Kalifornien (für sich selbst, Herrn Sherman, Herrn Connolly aus Virginia, Herrn Hinchey, Frau Eshoo, Frau Speier, Frau Richardson, Herrn, Schiff, Frau Schakowsky, Herrn Honda, Herrn Wolf, Herrn Peters, Herrn Dent, Frau Chu, Herrn Berman, Herrn Franks aus Arizona, Frau Jackson Lee aus Texas. Frau Schwartz, Herrn Braley aus Iowa und Herrn McGovern) reichte folgende Resolution ein, welche an das Comitee für Auswärtige Angelegenheiten weitergeleitet wurde.

Resolution

Willkommen an Seine Heiligkeit Mirza Masroor Ahmad, das weltweite spirituelle und administrative Oberhaupt der Ahmadiyya Muslim Gemeinschaft, in Washington, DC, und Anerkennung seines Engagements für den Weltfrieden, Gerechtigkeit, Gewaltfreiheit, Menschenrechte, Religionsfreiheit und Demokratie.

Vom 16. Juni bis zum 2. Juli 2012 stattet Seine Heiligkeit Mirza Masroor Ahmad, das weltweite spirituelle und administrative Oberhaupt der Ahmadiyya Muslim Gemeinschaft, einer internationalen Religionsgemeinschaft mit Millionen von Mitgliedern rund um die Welt, den Vereinigten Staaten einen historischen Besuch ab.
Seine Heiligkeit wurde am 22. April 2003 zum Fünften Kalifen von Mirza Ghulam Ahmad gewählt, einem Amt auf Lebenszeit.
Seine Heiligkeit ist eine führende muslimische Persönlichkeit, die den Frieden fördert, und die sich in seinen Ansprachen, Vorträgen, Büchern und persönlichen Begegnungen fortwährend eingesetzt hat für die Ahmadiyya-Werte: Dienst an der Menschheit, universelle Menschenrechte und eine friedvolle und gerechte Gesellschaft.
Die Ahmadiyya Muslim Gemeinschaft hat wiederholt Nöte ertragen müssen, eingeschlossen Diskriminierung, Verfolgung und Gewalt.
Am 28. Mai 2010 wurden 86 Ahmadi Muslime in Lahore, Pakistan, getötet, als zwei Moscheen der Ahmadiyya Muslim Gemeinschaft von Anti-Ahmadiyya-Terroristen angegriffen wurden. Trotz der anhaltenden konfessionsgebundenen Verfolgung, der Ahmadi Muslime ausgesetzt sind, hält Seine Heiligkeit dran fest, Gewalt zu verbieten.

Seine Heiligkeit ist weltweit gereist, um den Dienst an der Menschheit zu fördern und unterstützen, in Begegnungen mit Präsidenten, Premierministern, Parlamentariern und Botschaftern.
Während seines Besuches in den Vereinigten Staaten wird Seine Heiligkeit Tausende amerikanische Muslime treffen, des Weiteren bedeutende U.S.-Regierungsvertreter, um Beziehungen zu stärken und Mittel und Methoden zu finden, um Frieden und Gerechtigkeit für alle Menschen zu etablieren.
Am Vormittag des 27. Juni 2012 wird Seine Heiligkeit eine Grundsatzansprache halten bei einem speziellen, parteiübergreifenden Empfang im Rayburn House Office in Capitol Hill, mit dem Titel: *„Der Weg zum Frieden – Gerechte Beziehungen zwischen den Nationen“:* Daher soll nun jetzt
Beschlossen werden, dass das Repräsentantenhaus –

1. Seine Heiligkeit, Mirza Masroor Ahmad, in Washington, DC willkommen heißt;
2. Seine Heiligkeit für die Förderung des individuellen und Weltfriedens sowie individuelle und globale Gerechtigkeit lobt; und
3. Seine Heiligkeit lobt für seine Ausdauer und Beharrlichkeit, den Ahmadi Muslimen zur Vermeidung jeglicher Form von Gewalt zu raten, selbst angesichts schwerer Verfolgung.

Wege zur Gerechtigkeit

Der islamische Ansatz zu einer friedlichen Welt

Im Namen Allahs, des Gnädigen und immer Barmherzigen

Sehr geehrte Gäste,
Assalam-o-Alaikum Wa Rahmatullahe Wa Barakatohu
Frieden und Segnungen Allahs seien mit Ihnen.

Bevor wir beginnen, möchte ich zunächst die Gelegenheit nutzen, Ihnen allen dafür zu danken, dass Sie sich die Zeit genommen haben, zu kommen und sich anzuhören, was ich Ihnen zu sagen habe.
Ich bin gebeten worden über ein Thema zu sprechen, das außerordentlich groß und breitgefächert ist. Es hat viele verschiedene Aspekte, weswegen es mir nicht möglich ist, sie alle in der mir zur Verfügung stehenden kurzen Zeit zu behandeln.

Die wichtigste Aufgabe der Menschheit

Bei dem Thema, über das zu sprechen ich gebeten wurde, handelt es sich um die Etablierung von Weltfrieden. Sicherlich ist dies die wesentlichste und dringlichste Aufgabe, mit der die Welt konfrontiert wird. Da jedoch die Zeit begrenzt ist, werde ich nur kurz den islamischen Standpunkt zum Schaffen und Bewahren von Frieden durch gerechte und gleichberechtigte Beziehungen zwischen den Nationen vorstellen.

Die Wahrheit ist, dass Frieden und Gerechtigkeit untrennbar miteinander verknüpft sind - man kann das eine nicht ohne das andere haben. Ein Prinzip, das sicherlich alle vernünftigen und intelligenten Menschen verstehen können. Lassen wir jene beiseite, die entschlossen sind, Chaos in der Welt zu schaffen, so kann niemand jemals behaupten, dass in irgendeiner Gesellschaft, irgendeinem Land oder sogar in der ganzen Welt, Chaos oder Mangel an Frieden dort sein können, wo Gerechtigkeit und faire Handlungsweise existieren. Gleichwohl können wir feststellen, dass in vielen Teilen der Welt Unordnung und Mangel an Frieden vorherrschend sind. Solche Unordnung ist sowohl innerhalb der Länder selbst als auch in den Beziehungen zwischen verschiedenen Nationen zu sehen. Derartige Unordnung und Unfrieden existieren, obwohl alle Regierungen behaupten, eine Politik zu betreiben, die auf Gerechtigkeit basiert. Dabei erheben alle den Anspruch, dass die Etablierung von Frieden ihr vorrangiges Ziel sei.
Nun, im Allgemeinen gibt es wenig Zweifel daran, dass Ruhelosigkeit und Ängste in der Welt zunehmen und Unordnung sich dadurch ausbreitet. Dies beweist ganz klar, dass irgendwo auf der Welt die Voraussetzungen für Gerechtigkeit nicht erfüllt werden. Daher gibt es die dringende Notwendigkeit, sich darum zu bemühen, die Ungleichheit zu beenden, wo immer und wann immer sie existiert.

Wege zur Gerechtigkeit

In diesem Sinne möchte ich, als Oberhaupt der weltweiten Ahmadiyya Muslim Gemeinde, einige Beobachtungen über die Notwendigkeit für Frieden und die Wege, denselben auf der Grundlage von Gerechtigkeit zu erlangen, vorstellen.
Die Ahmadiyya Muslim Gemeinde ist eine rein religiöse Gemeinschaft. Es ist unser fester Glaube, dass der Messias und Reformer,

der ausersehen war, in diesem Zeitalter zu erscheinen und die Welt durch die wahrhaften Lehren des Islam zu erleuchten, in der Tat angekommen ist. Wir glauben, dass der Gründer unserer Gemeinde, Seine Heiligkeit Mirza Ghulam Ahmad aus Qadian[as], ebenjener Verheißene Messias und Reformer war und folglich haben wir ihn anerkannt.
Er erlegte seinen Anhänger auf, gemäß der wahren und reinen Lehren des Islam, die sich auf den Heiligen Koran gründen, zu handeln und sie zu verbreiten. Demzufolge wird alles, was ich in Bezug auf die Etablierung von Frieden und das Führen gerechter internationaler Beziehungen sagen werde, auf den koranischen Lehren beruhen.
In Bezug auf das Erreichen von Weltfrieden äußern Sie alle regelmäßig ihre Ansichten und unternehmen in der Tat große Anstrengungen. Ihr kreativer und intelligenter Verstand erlaubt es Ihnen, großartige Ideen, Pläne und in der Tat eine Vision von Frieden zu präsentieren. Daher erfordert es dieses Thema nicht, dass ich darüber aus weltlicher oder politischer Sicht spreche, stattdessen wird mein Fokus vollständig darauf gerichtet sein, wie Frieden auf der Grundlage von Religion etabliert werden kann. Zu diesem Zweck werde ich, wie ich bereits sagte, einige sehr wichtige Richtlinien auf Grundlage der Lehren des Heiligen Koran vorstellen.

Das Gesetz Gottes ist gerecht

Es ist wichtig, sich immer daran zu erinnern, dass menschliches Wissen und menschlicher Intellekt nicht vollkommen, sondern in Wirklichkeit begrenzt sind. So, dass, wenn Entscheidungen getroffen oder Ideen ausgestaltet werden, oft bestimmte Faktoren den menschlichen Verstand beeinflussen, die das Urteilsvermögen trüben und eine Person dazu verleiten können zu versuchen, ihre eigenen Interessen zu erfüllen. Letztendlich kann dies zu einem ungerechten Ergebnis und

zum Treffen ungerechter Entscheidungen führen.
Demgegenüber ist das Gesetz Gottes vollkommen, es gibt keinen Eigennutz oder unfaire Bestimmungen. Dies deshalb, weil Gott nur das Wohl und die Verbesserung für Seine Schöpfung wünscht, weswegen Sein Gesetz gänzlich auf Gerechtigkeit basiert. Der Tag, an dem die Menschen der Welt diesen entscheidenden Punkt erkennen und verstehen, wird der Tag sein, an dem die Grundlage für wahren und dauerhaften Frieden gelegt werden wird.
Andererseits fahren wir fort festzustellen, dass, obwohl endlos Anstrengungen unternommen werden, um den Weltfrieden zu etablieren, die Menschen bis jetzt außerstande sind, irgendwelche lohnenswerten Ergebnisse zu erzielen.

Die Mängel des Völkerbunds und der UN

Nach dem Ende des Ersten Weltkrieges wünschten die Oberhäupter bestimmter Länder für die Zukunft gute und friedliche Beziehungen zwischen allen Nationen, so dass im Bestreben, den Weltfrieden zu erreichen, der Völkerbund gegründet wurde. Sein grundlegender Zweck war es, den Weltfrieden zu erhalten und den Ausbruch zukünftiger Kriege zu verhindern.
Unglücklicherweise hatten die Regeln des Völkerbundes und die erlassenen Beschlüsse gewisse Mängel und Schwachstellen, wodurch sie die Rechte aller Völker und aller Nationen nicht gleichmäßig beschützten. Das war der Grund dafür, das ein Land nach dem anderen damit begann, aus dem Völkerbund auszuscheiden. So konnte sich als Folge der existierenden Ungleichheit kein lang andauernder Friede etablieren.
Die Anstrengungen des Völkerbundes schlugen fehl, was direkt in den Zweiten Weltkrieg mündete. Wir alle sind uns der beispiellosen

Zerstörung und Verwüstung bewusst, die daraus folgten, wobei 75 Millionen Menschen weltweit ihr Leben verloren, viele von ihnen unschuldige Zivilisten.

Dieser Krieg hätte mehr als genug sein sollen, um der Welt die Augen zu öffnen. Es hätte ein Weg sein sollen, eine vernünftige Politik zu entwickeln, die allen Beteiligten auf Grundlage von Gerechtigkeit ihre gebührenden Rechte garantiert, wodurch sie sich als ein Mittel erwiesen hätte, um Frieden in der Welt zu schaffen.

Die Regierungen der Welt zu der Zeit bemühten sich in gewissem Ausmaß und versuchten, Frieden zu etablieren, weswegen die Vereinten Nationen gegründet wurden. Es wurde jedoch alsbald ziemlich deutlich, dass der hehre und allumfassende Zweck, der die Vereinten Nationen stützte, nicht erfüllt werden konnte. In der Tat geben heute bestimmte Regierungen ziemlich offen Erklärungen ab, die den Fehlschlag der UN beweisen.

Koran: Alle Menschen sind gleich

Was sagt der Islam in Bezug auf internationale Beziehungen, die auf Gerechtigkeit gegründet sind und somit ein Mittel sind, um den Frieden zu etablieren?

Im Heiligen Koran hat Gott, der Allmächtige, deutlich gemacht, dass, während unsere Nationalitäten oder ethnischen Hintergründe ein Mittel zur Identitätsbildung sind, sie keinen Anspruch auf irgendeine Form von Überlegenheit begründen oder bestätigen. Der Koran macht auf diese Weise deutlich, dass alle Menschen gleichwertig geboren werden.

Darüber hinaus hat der Heilige Prophet Muhammad[saw] in seiner allerletzten Ansprache alle Muslime angewiesen, sich immer daran zu erinnern, dass ein Araber nicht besser ist als ein Nicht-Araber, noch ein Nicht-Araber besser ist als ein Araber. Er lehrte, dass ein weißer Mensch nicht besser ist als ein schwarzer Mensch, noch ein schwarzer Mensch besser ist als ein weißer Mensch. Es ist also eine eindeutige Lehre des Islam, dass die Menschen aller Nationalitäten und aller Rassen gleichwertig sind.

Koran: Gleiche Rechte für jeden

Es wird ebenso deutlich gemacht, dass allen Menschen ohne jeden Unterschied oder Vorurteile gleiche Rechte garantiert werden sollen. Dies ist der Schlüssel und das goldene Prinzip, welches das Fundament für Harmonie zwischen verschiedenen Gruppen und Nationen und für die Etablierung von Frieden legt.
Heute stellen wir jedoch fest, dass es zwischen den mächtigen und den schwächeren Nationen Spaltung und Trennung gibt. Zum Beispiel beobachten wir, dass in den Vereinten Nationen Unterschiede zwischen bestimmten Ländern gemacht werden. So gibt es im Sicherheitsrat einige ständige Mitglieder und einige nicht-ständige Mitglieder. Diese Trennung hat sich als eine interne Quelle von Ängsten und Frustration erwiesen, weswegen wir regelmäßig Berichte bestimmter Länder vernehmen, die gegen diese Ungleichheit protestieren.

Koran: Gerechtigkeit selbst für den Ungerechten

Der Islam lehrt absolute Gerechtigkeit und Gleichheit in allen Belangen und so finden wir eine weitere äußerst wichtige Richtlinie in Sure 5 Vers 3 des Heiligen Koran. In diesem Vers ist festgelegt, dass es notwendig ist, sogar jene Leute, die in ihrem Hass und ihrer Feindschaft alle Grenzen überschreiten, mit Fairness und Gerechtigkeit zu behandeln, um die Anforderungen der Gerechtigkeit vollständig zu erfüllen. Und der Koran lehrt auch, dass, gleichgültig wann und von wem einem zu Tugend und Rechtschaffenheit geraten wird, man diesen Rat annehmen soll. Und egal, wo und von wem auch immer einem zu sündhaftem oder ungerechtem Verhalten geraten wird, man diesen Rat zurückweisen soll. Es stellt sich natürlich die Frage, was das vom Islam geforderte Niveau der Gerechtigkeit ist?

Koran: Gerechtigkeit sogar dann, wenn es gegen sich selbst gerichtet ist

In Sure 4 Vers 136 erklärt der Heilige Koran, dass man, sogar wenn man gegen sich selbst oder seine Eltern oder seine Verwandten Zeugnis ablegen muss, dies tun muss, um die Gerechtigkeit und Wahrhaftigkeit aufrecht zu erhalten.
Mächtige und reiche Länder sollten nicht die Rechte der armen und schwächeren Länder widerrechtlich an sich reißen, um die eigenen zu wahren, noch sollten sie die ärmeren Nationen in einer ungerechten Art und Weise behandeln. Andererseits sollten die armen und schwächeren Nationen nicht danach streben, den mächtigen oder wohlhabenden Nationen Schaden zuzufügen, wann immer sich die Gelegenheit dazu bietet. Stattdessen sollten sich beide Seiten darum bemühen, die Prinzipien der Gerechtigkeit vollkommen zu befolgen, was in der Tat eine Angelegenheit von entscheidender Bedeutung ist bei der Aufrechterhaltung friedlicher Beziehungen zwischen den Ländern.

Koran: Achtet die Ressourcen anderer Nationen

Eine weitere Voraussetzung für den Frieden zwischen den Nationen, der auf Gerechtigkeit basiert, wird in Sure 15 Vers 89 des Heiligen Koran genannt, in dem erklärt wird, dass kein Beteiligter jemals neidisch

auf die Ressourcen und den Reichtum anderer schauen soll.
Und gleichermaßen sollte kein Land danach streben, sich ungerechterweise die Ressourcen eines anderen Landes anzueignen, oder versuchen, sie unter dem falschen Vorwand des Versuchs, es zu helfen oder zu unterstützen, an sich zu reißen. Demzufolge sollten Regierungen andere Nationen nicht auf Basis der Versorgung mit technischer Kompetenz durch Abschluss ungerechter Geschäfte oder Verträge übervorteilen. Und gleichermaßen sollten Regierungen nicht versuchen, auf Basis der Bereitstellung von Fachkenntnis oder Unterstützung, die Kontrolle über die natürlichen Ressourcen oder das Eigentum der Entwicklungsländer an sich zu reißen.
Wenn es notwendig ist, weniger gebildete Menschen oder Regierungen zu lehren, wie sie ihre natürlichen Ressourcen richtig verwenden sollten, dann sollte dies getan werden. Nationen und Regierungen sollten immer danach streben, jenen zu dienen und zu helfen, die weniger privilegiert sind. Jedoch sollten solche Dienste nicht mit dem Ziel, nationale oder politische Vorteile zu erreichen oder persönliche Interessen zu befriedigen, geleistet werden.
Wir stellen fest, dass in den vergangenen sechs oder sieben Dekaden die Vereinten Nationen viele Programme oder Stiftungen, mit dem Ziel den armen Ländern zu helfen sich zu entwickeln, ins Leben gerufen haben. Durch diese Bemühungen haben sie die natürlichen Ressourcen der Entwicklungsländer erkundet. Tatsächlich hat trotz dieser Anstrengungen keines der ärmeren Länder die Stufe oder den Standard der Industrienationen erreicht. Ein Grund dafür ist sicherlich die weit verbreitete Korruption vieler Regierungen jener unterentwickelten Länder. Allerdings muss ich mit Bedauern sagen, dass die Industrienationen fortfahren, mit solchen Regierungen Geschäfte zu machen, um ihre eigenen Interessen voranzutreiben. Handelsabkommen, internationale Hilfen und Geschäftsverträge werden wei-

terhin ausgeführt. Und als Ergebnis davon haben die Frustrationen und die Unruhe der armen und sozial benachteiligten Schichten der Gesellschaft zugenommen, was zu Rebellion und Unordnung innerhalb dieser Länder geführt hat.
Die armen Menschen in den Entwicklungsländern sind mittlerweile so frustriert, dass sie sich nicht nur gegen ihre eigenen Oberhäupter, sondern auch gegen die Großmächte wenden. Dies hat den extremistischen Gruppen in die Hände gespielt, die Vorteile aus den Frustrationen zogen und so in der Lage waren, solche Menschen zu ermutigen, sich ihren Gruppen anzuschließen und ihre hasserfüllten Ideologien zu unterstützen. Und das Endergebnis davon ist, dass der Weltfrieden zerstört wurde.

Wege zum Frieden

Der Islam hat unsere Aufmerksamkeit auf verschiedene Mittel für Frieden gelenkt:

- Er erfordert absolute Gerechtigkeit.
- Er erfordert, dass immer wahrhaftes Zeugnis abgelegt wird.
- Er erfordert, dass unsere Blicke nicht neidisch auf den Reichtum anderer geworfen werden.
- Und er erfordert, dass die Industrienationen ihren Eigennutz beiseitelassen und stattdessen den weniger entwickelten und ärmeren Nationen mit wahrhaft selbstloser Haltung und Geist helfen und dienen.

Wenn all diese Faktoren beachtet werden, dann wird wahrhafter Friede geschaffen werden.

Maßnahmen im Kriegsfall

Wenn trotz all dieser vorangehend erwähnten Maßnahmen irgendein Land alle Grenzen überschreitet und ein anderes Land angreift und versucht, ungerechterweise die Kontrolle über dessen Ressourcen zu übernehmen, dann sollten die anderen Länder sicherlich Maßnahmen ergreifen, solche Grausamkeit zu beenden. Aber sie sollten dabei immer mit Gerechtigkeit handeln.

Die Gegebenheiten, um gemäß den islamischen Lehren zu handeln, sind detailliert im Heiligen Koran, in der Sure 49, festgelegt, in der gelehrt wird, dass, wenn zwei Nationen im Streit miteinander liegen und dies zum Krieg führt, die anderen Regierungen ihnen dann nachdrücklich zu Dialog und Diplomatie raten sollen, so dass sie zu einer Übereinkunft und Versöhnung auf der Basis von ausgehandelten Abkommen gelangen.

Wenn jedoch einer der Beteiligten die Bedingungen der Einigung nicht akzeptiert und Krieg führt, dann sollten die anderen Länder sich zusammentun und kämpfen, um den Angreifer zu stoppen. Wenn die angreifende Nation besiegt ist und einer beiderseitigen Verhandlung zustimmt, dann sollten alle Beteiligten auf eine Vereinbarung hinarbeiten, die zu lang anhaltendem Frieden und Versöhnung führt. Harte und ungerechte Bedingungen, die dazu führen, dass irgendeiner Nation die Hände gebunden sind, sollten nicht erzwungen werden, weil dies auf lange Sicht zu Unruhe führt, die gären und sich ausbreiten wird. Und das Ergebnis solcher Unruhe wird weiteres Chaos sein. Wenn eine dritte Regierung beteiligt ist und danach strebt, Versöhnung zwischen den beiden Parteien herbeizuführen, dann sollte sie mit Aufrichtigkeit und absoluter Unparteilichkeit zu Werke gehen. Diese Unparteilichkeit sollte jederzeit aufrechterhalten werden. Selbst wenn eine der Parteien gegen sie spricht, sollte die dritte Partei keinen

Ärger zeigen und keine Rache nehmen oder in unfairer Art und Weise handeln. Allen Beteiligten sollten ihre angemessenen Rechte gewährt werden. Demnach ist es für die Erfüllung der Voraussetzungen von Gerechtigkeit entscheidend, dass die Länder, die ein Abkommen aushandeln, nicht danach streben, ihre eigenen persönlichen Interessen durchzusetzen, oder versuchen, unzulässigen Vorteil von beiden Ländern zu erlangen. Sie sollten sich nicht ungerechterweise einmischen oder eine von beiden Parteien unter Druck setzen.
Die natürlichen Ressourcen irgendeines Landes sollten nicht ausgenutzt werden.
Unnötige und unfaire Einschränkungen sollten solchen Ländern nicht auferlegt werden, weil dies weder gerecht ist noch es sich jemals als Ursache erweisen kann, die Beziehung zwischen den Ländern zu verbessern.

Im Angesicht einer gewaltigen Zerstörung

Aufgrund der begrenzten Zeit habe ich diese Punkte nur sehr kurz angesprochen. Kurzum, wenn wir wünschen, dass Frieden in der Welt geschaffen wird, dann müssen wir unsere persönlichen und nationalen Interessen um des größeren Guten Willen beiseitelassen und einvernehmliche Beziehungen aufbauen, die vollständig auf der Gerechtigkeit aufbauen.
Einige von Ihnen mögen mir zustimmen, dass es andernfalls aufgrund der Bündnisse und Blöcke, die sich bilden könnten, bzw., die sich schon gebildet haben, nicht unwahrscheinlich ist, dass das Chaos in der Welt weiterhin zunehmen wird, was letztendlich zu einer gewaltigen Zerstörung führen wird. Die Auswirkungen einer solchen Verwüstung und Kriegsführung werden sicherlich über viele Generationen hinweg andauern.

Und daher sollten die Vereinigten Staaten als größte Weltmacht ihre Rolle dabei spielen, mit wahrhafter Gerechtigkeit und mit solchen guten Absichten, wie ich sie beschrieben habe, zu handeln.
Wenn es so geschieht, dann wird sich die Welt immer mit großer Bewunderung an Ihre großartigen Anstrengungen erinnern.
Ich bete dafür, dass dies Realität wird.
Ich danke Ihnen sehr. Noch einmal vielen Dank.

Globale Einheit als Schlüssel zum Frieden

Europäisches Parlament, Brüssel, Belgien 2012

THE EUROPEAN PARLIAMENT
Brussels
A MESSAGE OF PEACE
Hosted by The European Parliament
'Friends of Ahmadiyya Muslims' Group
[redacted] 2012

A MESSAGE
OF PEACE

ESSAGE
PEACE

Vorwort

Am 3. und 4. Dezember 2012 stattete Seine Heiligkeit Mirza Masroor Ahmad[aba], fünfter Kalif, Nachfolger, des Verheißenen Messias[as], dem Europäischen Parlament in Brüssel seinen ersten Besuch ab, während der er vor einem Publikum, das 350 Gäste umfasste und 30 verschiedene Nationen repräsentierte, eine historische Grundsatzrede hielt. Die Veranstaltung wurde von der kürzlich ins Leben gerufenen und aus dem europäischen Parlament hervorgegangenen parteiübergreifenden Gruppe „Freunde der Ahmadiyya-Muslime", deren Vorsitz Dr. Charles Tennock, Mitglied des Europäischen Parlaments, einnimmt, veranstaltet. Dies ist eine parteiübergreifende und europaweite Gruppe von Mitgliedern des Europäischen Parlaments, die initiiert wurde, um für die Ahmadiyya Muslim Gemeinde im Europäischen Parlament zu werben und ihre Anliegen in Europa und dem Rest der Welt bekanntzumachen. Während seiner Reise hatte Seine Heiligkeit Mirza Masroor Ahmad[aba] auch einige Besprechungen mit Parlamentariern und anderen Würdenträgern. Unter jenen, die er traf, befanden sich:

Dr. Charles Tannock (MEP-UK) - Mitglied des Ausschuss für Auswärtige Angelegenheiten des Europäischen Parlaments, Mitglied des Unterausschuss für Menschenrechte, Vizepräsident der parlamentarischen Delegation für Beziehung mit der parlamentarischen NATO-Gruppe und Vorsitzender der europäischen Parlamentsgruppe „Freunde der Ahmadiyya-Muslime".

Tunne Kelam (MEP-Estland) - Mitglied des Ausschuss für Auswärtige Angelegenheiten des Europäischen Parlaments, des Unterausschuss für Sicherheit und Verteidigung und Stellvertretender Vorsitzender der europäischen Parlamentsgruppe „Freunde der Ahmadiyya-Muslime".

Claude Moraes (MEP-UK) - Stellvertretender Vorsitzender der Delegation für die Beziehung zur Arabischen Halbinsel, Mitglied des Ausschuss für Bürgerrechte, Gerechtigkeit und Innenpolitik, Stellvertretender Vorsitzender der Labour Party des Europäischen Parlaments und Stellvertretender Vorsitzender der europäischen Parlamentsgruppe „Freunde der Ahmadiyya-Muslime".

Barbara Lochbihler (MEP-Deutschland) - Vorsitzende des Unterausschusses für Menschenrechte.

Jean Lambert (MEP-UK) - Vorsitzender der Südasien-Delegation des Europa-Parlaments.

Phil Bennion (MEP-UK) - Mitglied der Südasien-Delegation des Europa-Parlaments und Vorsitzender der europäischen LibDem-Gruppe.

Am 4. Dezember wurde vor der Hauptveranstaltung und der Grundsatzrede Seiner Heiligkeit eine internationale Pressekonferenz im Presseraum des Europäischen Parlaments abgehalten. Seine Heiligkeit beantwortete während einer 40 minütigen Pressekonferenz Fragen von einer Reihe von Medienschaffenden, darunter Journalisten und Rundfunkanstalten aus dem Vereinigten Königreich, Spanien, Frankreich, Belgien, Pakistan und anderen Ländern. Als Antwort auf eine Frage der BBC über die Rolle des Islam in der Welt, sagte Seine Heiligkeit, „die islamische Botschaft des Friedens ist universal, weswegen unser Motto auch ‚Liebe für alle, Hass für keinen' lautet." Auf die Frage eines spanischen Journalisten erwiderte Seine Heiligkeit, dass alle Religionen in ihrem Ursprung eine Botschaft des Friedens lehrten, weswegen wahre Muslime an alle Propheten glaubten. Jeder Prophet, so sagte er, überbrachte die Botschaft, dass es Einen Gott gibt. Als Antwort auf die Frage eines maltesischen Journalisten sagte Seine Heiligkeit, dass es die Aufgabe von Ahmadi-Muslimen sei, die Menschheit näher zu Gott zu bringen, und die Weltbevölkerung auf ihre Verpflichtung, ihre einander zustehenden Rechte zu schützen, aufmerksam zu machen.

Die Hauptveranstaltung wurde vor einem dicht gefüllten Publikum abgehalten. Der Vorsitzende und der Stellvertretende Vorsitzende der europäischen Parlamentsgruppe „Freunde der Ahmadiyya Muslime" begrüßten auf dem Podium Seine Heiligkeit Mirza Masroor Ahmad[aba], Oberhaupt der weltweiten Ahmadiyya Muslim Gemeinde. Martin Schulz, MEP und Präsident des Europäischen Parlaments, erschien, um Seine Heiligkeit zu treffen. Vor der Grundsatzrede von Seiner Heiligkeit adressierten einige Mitglieder des Europäischen Parlaments das Publikum und brachten ihre Bewunderung für den friedlichen Islam, so wie er von der Ahmadiyya Muslim Gemeinde verfechtet wird, zum Ausdruck. Dr. Charles Tennock MEP, Vorsitzender der europäischen Parlamentsgruppe „Freunde der Ahmadiyya Muslime", sagte, „Ahmadi-Muslime seien ein willkommenes Beispiel für Toleranz auf der Welt". Er verurteilte die Verfolgung von Ahmadi-Muslimen in Pakistan und sagte, „das Ahmadi-Motto ‚Liebe für alle, Hass für keinen' ist ein willkommenes Gegenmittel für die extremistischen Jihadisten".

Hier werden wir nun die historische Grundsatzrede, gehalten von Seiner Heiligkeit Mirza Masroor Ahmad[aba], fünfter Kalif des Verheißenen Messiasas und Oberhaupt der weltweiten Ahmadiyya Muslim Gemeinde, wiedergeben.

Die Globale Einheit als Schlüssel zum Frieden

Im Namen Allahs, des Gnädigen und immer Barmherzigen

Sehr geehrte Gäste,
Assalam-o-Alaikum Wa Rahmatullahe Wa Barakatohu
Frieden und Segnungen Allahs seien mit Ihnen.

Zu Beginn möchte ich den Organisatoren dafür danken, dass sie mir die Möglichkeit eingeräumt haben, zu ihnen allen hier im Europäischen Parlament zu sprechen. Ebenso bedanken möchte ich mich bei all den Delegierten, die die unterschiedlichsten Länder repräsentieren, sowie allen anderen Gästen, die große Anstrengungen unternommen haben, um dieser Veranstaltung beizuwohnen.
All jene, die mit der Ahmadiyya Muslim Jamaat – oder Gemeinde – wohl vertraut sind, und selbst jene, die mit ihr weniger gut vertraut sind und Kontakte zu einzelnen Ahmadis pflegen, sind sich vollkommen darüber im Klaren, dass wir als Jamaat die Aufmerksamkeit der Welt stets auf die Etablierung von Frieden und Sicherheit lenken. Es ist gewiss, dass wir alle in unseren Möglichkeiten liegenden Anstrengungen unternehmen, um diese Ziele zu erreichen.
Als Oberhaupt der Ahmadiyya Muslim Jamaat spreche ich, soweit sich die Gelegenheit dazu ergibt, regelmäßig über diese Aspekte. Der Grund, weswegen ich über die Notwendigkeit von Frieden und wechselseitiger Liebe spreche, liegt nicht darin begründet, dass die Ahmadiyya Gemeinde irgendeine neue Lehre gebracht hat. Obzwar es zweifellos der Fall ist, dass es eines der wichtigsten Ziele der Nie-

derkunft des Begründers der Ahmadiyya Muslim Gemeinde war, Frieden und Versöhnung zu bringen, so ist die Wahrheit doch, dass wir alle unsere Taten auf Grundlage der Lehren, die dem Begründer des Islam, dem Heiligen Propheten Muhammad[saw], offenbart wurden, begehen.

In den 1.400 Jahren, die der Zeit des Heiligen Propheten[saw] folgten, sind die reinen Lehren des Islam, die er brachte, unglücklicherweise seit langem von der Mehrheit der Muslime in Vergessenheit geraten. Daher hat Allah, der Allmächtige, um den wahren Islam wiederzubeleben, in Übereinstimmung mit den Prophezeiungen des Heiligen Propheten[saw] den Begründer der Ahmadiyya Muslim Jamaat, Hadhrat Mirza Ghulam Ahmad[as] von Qadian, gesandt. Ich bitte sie alle darum, diesen Aspekt im Sinn zu haben, wenn ich dazu übergehe, über die islamische Lehre hinsichtlich der Entwicklung von Frieden und Harmonie auf der Welt zu sprechen.

Ebenso sollte ich erwähnen, dass es mehrere Aspekte von „Frieden" und „Sicherheit" gibt. Wiewohl jede einzelne Facette für sich genommen bedeutend ist, so ist es gleichzeitig von äußerster Wichtigkeit, wie die einzelnen Aspekte untereinander verbunden sind. Beispielhaft kann herangeführt werden, dass der Grundstein für den Frieden in der Gesellschaft die Ruhe und Harmonie innerhalb der Familie ist. Die Verhältnisse innerhalb der Familie beschränken sich nicht auf derselben, sondern haben einen Effekt auf den Frieden innerhalb der lokalen Umgebung, die wiederum sich auf den Frieden der weiteren Umgebung oder Stadt auswirkt. Wenn es Probleme innerhalb der Familie gibt, so werden diese sich negativ auf die lokale Umgebung und diese wiederum auf die gesamte Stadt auswirken. Gleicherweise wird der Bundesstaat dieser Stadt den Frieden des gesamten Landes beeinflussen und schlussendlich wird der Zustand eines Landes den Frieden und die Harmonie der Region oder der gesamten Welt beeinflussen. Aus diesem Grund ist es eindeutig, dass, wenn man gewillt ist, einen einzigen Aspekt von Frieden zu diskutieren, man zur Erkenntnis gelangt, dass sein Umfang nicht begrenzt ist, sondern fortfahren wird, sich zu erweitern. Gleicherweise sehen wir, dass dort, wo es an Frieden mangelt, unterschiedliche Methoden vonnöten sind, um das Problem zu lösen, basierend auf den dahinterliegenden Problemen und bezogen auf den spezifischen Aspekt von Frieden und Harmonie, der verletzt wurde. Wenn wir uns dies vergegenwärtigen, dann ist es offensichtlich, dass, um dieses Thema in der erforderlichen Ausführlichkeit zu diskutieren, viel mehr Zeit vonnöten ist, als hier vorhanden. Nichtsdestoweniger werde ich versuchen, einige Aspekte der wahren Lehre des Islam zu behandeln.

Wir sehen, dass in der modernen Welt viele Vorwürfe gegen den Islam erhoben werden, und die meiste Schuld für die Unordnung und den Unfrieden in der Welt dem Islam zugeschoben wird. Diese Vorwürfe wurden erhoben, obwohl die Bedeutungen des Wortes Islam zuvorderst „Frieden" und „Sicherheit" sind. Darüber hinaus ist der Islam jene Religion, die präzise Anleitungen zur Etablierung von Frieden gegeben hat, und bestimmte Regeln festgelegt hat, um diesen zu erlangen. Bevor ich dazu übergehe, ihnen die wahren und friedlichen Lehren des Islam näher zu bringen, möchte ich in Kürze den derzeitigen Zustand der Welt diskutieren. Ich bin mir sicher, dass sie hinsichtlich dieser Sachlage wohl kundig sind, doch ich werde sie so umreißen, dass sie in der Lage sein werden, sie im Bewusstsein zu haben, wenn ich dazu übergehe, die islamische Lehre hinsichtlich des Friedens und der Harmonie zu diskutieren. Wir sind uns alle bewusst darüber und stimmen dem auch zu, dass die Welt zu einem globalen Dorf geworden ist. Wir alle sind durch die unterschiedlichsten Mittel miteinander verbunden, sei es durch die modernen Wege des Verkehrs, durch Medien und Internet oder über diverse andere Wege. All dies hat dazu geführt, dass die Nationen dieser Welt näher zusammengerückt sind. Wir können sehen, dass sich in den größten Ländern Menschen aller Rassen, Religionen und Nationalitäten angesiedelt haben und zusammenleben. Tatsächlich ist in manchen Ländern ein erheblicher Anteil der Bevölkerung ausländischen Ursprungs. Die Immigranten sind nunmehr so gut integriert, dass es für die Regierung oder die lokalen Behörden eine extreme Schwierigkeit darstellen würde, ja, nahezu unmöglich sein würde, sie nun des Landes zu verweisen. Obwohl Versuche unternommen wurden, die Immigration einzudämmen und einige Restriktionen eingerichtet wurden, so gibt es doch diverse Möglichkeiten, über die ein Bürger eines Landes in der Lage ist, in ein anderes Land zu gelangen. Lässt man auch illegale Einwanderungen beiseite, so können wir doch erkennen, dass gewisse internationale Gesetze existieren, die denjenigen zupass kommen, die gezwungen sind, aufgrund gewisser Umstände auszuwandern.

Wir sehen auch, dass als Konsequenz der Massenimmigration sich in einigen Ländern Rastlosigkeit und Angst verbreiten. Die Verantwortlichkeit dafür liegt bei beiden Parteien – sowohl bei den Immigranten als auch bei den Einheimischen. Auf der einen Seite provozieren manche Immigranten die Einheimischen, indem sie es ablehnen, sich auch nur ein wenig zu integrieren, während auf der anderen Seite die einheimische Bevölkerung einen Mangel an Toleranz und Offenherzigkeit zeigt. Von Zeit zu Zeit schwillt der Hass auf ein gefährliches Maß an. Der Hass oder die Feindseligkeit der einheimischen Bevölkerung in den westlichen Ländern dem Islam gegenüber zeigt sich insbesondere als Reaktion auf das schlechte Verhalten einiger Muslimen und besonders Immigranten. Der Zorn und die Reaktion belaufen sich dabei nicht nur auf ein geringes Maß, sondern können und erreichen auch solcherart extreme Ausmaße, dass westliche Führer sich regelmäßig zu diesem Problem äußern. Deswegen sehen wir auch, dass gelegentlich die deutsche Kanzlerin davon spricht, dass Muslime Teil Deutschlands sind; wir sehen, dass der Premierminister des Vereinigten Königreichs von der Notwendigkeit der Muslime sich zu integrieren spricht, und die Führer einiger anderer Staaten soweit gehen, dass sie die Muslime warnen. Der Zustand dieser Konflikte ist, wenngleich er sich nicht verschlechtert, so doch besorgniserregend. Diese Angelegenheiten können eskalieren und zur Zerstörung des Friedens führen. Es dürfte kein Zweifel darüber bestehen, dass das Ausmaß dieser Konflikte sich nicht nur auf den Westen beschränken würde, sondern sich auf die gesamte Welt und insbesondere die muslimischen Länder auswirken würde. Es würde zu einer ernsthaften Verschlechterung zwischen der westlichen und östlichen Welt führen. Um die Situation zu verbessern und einen Frieden herbeizuführen, ist es daher notwendig, dass alle Parteien zusammenarbeiten. Regierungen müssen eine Politik betreiben, die den wechselseitigen Respekt zueinander etabliert und beschützt, wodurch die Verletzung von Gefühlen anderer oder ihnen irgendeine Art von Schaden Zufügen als ungesetzlich erklärt wird.

Bezug nehmend auf die Immigranten gilt, dass sie mit dem Willen, sich in die Mehrheitsgesellschaft zu integrieren, in das Land eintreten sollten, während die Einheimischen dafür bereit sein müssen, ihre Herzen zu öffnen und Toleranz zu zeigen. Darüber hinaus wird das einfache In-Kraft-Setzen von Restriktionen nicht zum Frieden führen, weil alleine dadurch nicht Gemüt und Ansichten der Menschen geändert werden. Dies trifft nicht nur auf Muslime zu, sondern immer dann, wenn die Auslebung der Religion oder des Glaubens einer Person gewaltsam unterdrückt wird, führt dies zu einer negativen Reaktion, durch welche der Frieden ernsthaft in Gefahr gerät. Wie ich bereits erwähnt habe, können wir sehen, dass in gewissen Ländern Konflikte, und dabei ganz besonders zwischen den Einheimischen und den muslimischen Immigranten, zunehmen. Dabei ist es offensichtlich, dass beide Seiten immer weniger Toleranz aufbringen und ein Widerwille vorhanden ist, sich kennenzulernen. Die Europäische Führungsriege muss akzeptieren, dass dies der Realität entspricht, und verstehen, dass sie die Verantwortung trägt, wechselseitigen religiösen Respekt und gegenseitige Toleranz zu etablieren. Dies ist essentiell, um in jedem europäischen Land und zwischen den europäischen und muslimischen Staaten eine Atmosphäre des guten Willens zu entwickeln, so dass der Frieden der Welt nicht in Gefahr gerät.

Ich glaube, dass der Grund dieser Art Konflikte und Zerwürfnisse nicht allein im Glauben oder der Religion liegt und auch nicht nur eine Frage von Differenzen zwischen dem Westen und den muslimischen Nationen ist. Tatsächlich ist die globale Finanzkrise ein wesentlicher Faktor für die Zwietracht. Vor der Rezession oder der Kreditkrise hat sich niemand über den Zustrom von Immigranten – Muslime, Nichtmuslime oder Afrikaner – echauffiert. Die Situation hat sich jedoch geändert und die Krise hat zu all dem geführt. Sie hat sogar die Beziehungen zwischen den europäischen Ländern beeinflusst, so dass Ängste und Vorurteile zwischen den Bevölkerungen gewisser europäischer Nationen und den Bevölkerungen anderer europäischer Nationen tagtäglich zunehmen. Dieser Zustand der Hoffnungslosigkeit ist überall anzutreffen.

Die Formierung der Europäischen Union war für die europäischen Länder eine große Errungenschaft, weil sie ein Mittel zur Vereinigung des Kontinents darstellte. Daher sollten sie alle nur möglichen Anstrengungen zur Bewahrung dieser Einheit unternehmen, indem sie die ihnen einander zustehenden Rechte anerkennen. Die Sorgen und Ängste, die Mitglieder der allgemeinen Bevölkerung mit sich tragen, müssen beseitigt werden. Um die Rechte der jeweiligen Gesellschaft zu schützen, müssen sie gewillt sein, die fairen und gerechten Forde-

rungen, die untereinander erhoben werden, zu akzeptieren, wobei es selbstverständlich der Fall ist, dass es faire und gerechte Forderungen der Bevölkerung jedes einzelnen Landes gibt.
Halten sie in Erinnerung, dass die Stärke Europas darin liegt, dass es vereint und geschlossen ist wie eine Einheit. So eine Einheit wird ihnen nicht nur hier in Europa zum Vorteil gereichen, sondern auch auf globaler Ebene wird dies dafür sorgen, dass der Kontinent seine Stärke und seinen Einfluss aufrechterhalten kann. Aus der islamischen Perspektive gesehen, verhält es sich tatsächlich dermaßen, dass wir danach streben sollten, dass die gesamte Welt sich miteinander vereint. Hinsichtlich der Währung sollte die Welt vereint sein. Hinsichtlich freiem Gewerbe und Handel sollte die Welt vereint sein, und auch hinsichtlich der Freiheit der Bewegung und Einwanderung sollten zusammenhängende und praktische Politiken entwickelt werden, damit die Welt zu einer Einheit werden kann.
In der Essenz geht es darum, dass Länder danach streben sollten, miteinander zu kooperieren, so dass Spaltung durch Einheit ersetzt wird. Wenn die Maßnahmen umgesetzt werden, dann wird schnell ersichtlich, dass die bestehenden Konflikte enden und durch Frieden und wechselseitigen Respekt ersetzt werden, vorausgesetzt, dass wahre Gerechtigkeit praktiziert wird und jedes Land sich seiner Verantwortung bewusst wird. Mit großem Bedauern muss ich sagen, dass, wiewohl es eine islamische Lehre ist, die islamischen Länder nicht in der Lage waren, sich untereinander zu vereinen. Wenn sie in der Lage wären, zu kooperieren und sich zu vereinen, dann müssten die islamischen Länder nicht ständig den Westen um Unterstützung und Hilfe bitten, um ihre internen Schwierigkeiten und Bedürfnisse zu mildern.
Mit diesen Worten werde ich nun dazu übergehen, über die wahre islamische Lehre hinsichtlich der Etablierung von langanhaltendem Frieden in der Welt zu sprechen.

Zuvorderst – eine grundsätzliche und wesentliche Lehre des Islam ist, dass ein wahrer Muslim eine Person ist, vor dessen Zunge und Hand alle seine friedlichen Mitmenschen sicher sind. Dies ist die Definition von „Muslim", die der Heilige Prophet Muhammad[saw] gegeben hat. Nachdem man dieses grundsätzliche und schöne Prinzip vernommen hat, kann denn dann irgendein Vorwurf oder irgendeine Anklage gegen den Islam erhoben werden? Sicherlich nicht. Der Islam lehrt, dass nur jene, die ihre Zunge oder ihre Hand dazu verwenden, um Ungerechtigkeit und Hass zu verbreiten, es verdienen, bestraft zu werden. Wenn somit – von lokaler Ebene bis hin zur globalen – alle Parteien innerhalb der Grenzen dieses goldenen Prinzips blieben, dann würden wir niemals religiöse Zerwürfnisse vorfinden. Wir würden niemals politische Streitereien vorfinden noch gäbe es Unruhen, die auf Gier und dem Streben nach Macht gründen. Wenn diese wahren islamischen Prinzipien befolgt werden würden, dann würden die Mitglieder der Bevölkerungen innerhalb der jeweiligen Länder die den Subjekten einander zustehenden Rechte und Gefühle schützen, und die Regierungen würden ihrer Verantwortung, alle Bürger zu beschützen, gerecht werden. Auf internationaler Ebene würde jede Nation mit einem Geist wahrer Anteilnahme und mit Mitgefühl füreinander zusammenarbeiten.

Ein weiterer Grundsatz, den der Islam lehrt, lautet, dass für die Schaffung von Frieden es für alle Parteien essentiell ist, niemals irgendeine Form des Stolzes und der Arroganz zu zeigen. Dies wurde auf vollkommene Weise vom Heiligen Propheten[saw] illustriert, als er in einem bekannt gewordenen Ausspruch sagte, dass ein schwarzer Mensch einem weißen Menschen nicht überlegen ist, genauso wie ein weißer Mensch einem schwarzen nicht überlegen ist. Noch ist ein Europäer besser oder überlegener als jemand einer anderen Nation, noch sind es Afrikaner, Asiaten oder Menschen aus irgendeinem anderen Teil dieser Welt. Unterschiede von Nationalität, Hautfarbe oder Ethnie dienen nur der Identität und Erkennung.

Die Wahrheit ist, dass in der modernen Welt wir alle voneinander abhängig sind. Heute können sogar Großmächte wie Europa und die Vereinigten Staaten nicht überleben, wenn sie vollkommen isoliert von anderen bleiben. Afrikanische Länder können ebenso wenig isoliert sein und dabei prosperieren wie die asiatischen Länder oder Völker aus anderen Teilen der Welt. Wenn sie beispielsweise ihre Wirtschaft aufblühen sehen wollen, dann müssen sie gewillt sein, internationalen Handel zu akzeptieren. Ein eindeutiges Beispiel, das zeigt, wie die Welt heutzutage miteinander verbunden ist, wird durch die Tatsache aufgezeigt, wie die Europäische- oder die Welt-Finanzkrise über die letzten Jahre nahezu jedes Land dieser Welt negativ beeinflusst hat. Darüber hinaus ist es für Länder, die in der Wissenschaft Fortschritte erzielen wollen, notwendig, zu kooperieren und einander zu helfen.

Wir sollten immer daran denken, dass den Menschen dieser Welt, seien sie aus Afrika, Europa, Asien oder anderswo, großes geistiges Potential von Allah, dem Allmächtigen, gegeben wurden. Wenn alle Parteien ihr gottgegebenes Potential nach dem bestmöglichen ihrer Fähigkeiten für die Verbesserung der Menschheit einsetzen würden, dann würden wir sehen, wie sich die Welt zu einem Hort des Friedens entwickeln würde. Wenn die Industrienationen allerdings versuchen, den Fortschritt und Wachstum der weniger entwickelten Länder oder Entwicklungsländer zu unterdrücken und den intelligenten und produktiven Köpfen keine Gelegenheit einräumen, dann wird sich ohne Zweifel Angst ausbreiten und die darauffolgende Ruhelosigkeit den internationalen Frieden und die globale Sicherheit ruinieren.

Ein weiterer Grundsatz des Islam um Frieden zu errichten besagt, dass wir Ungerechtigkeit gegenüber anderen oder das Berauben der Rechte von Mitmenschen nicht tolerieren dürfen. Genauso wie wir es nicht akzeptieren würden, dass man uns unserer Rechte beraubt, genauso sollten wir dies nicht hinsichtlich anderer akzeptieren. Der Islam lehrt, dass dort, wo Vergeltung erforderlich ist, sie proportional zum Akt der Übertretung zu erfolgen hat. Wenn allerdings Vergebung zu einer Reformation führt, dann sollte diese Option gezogen werden. Die eigentlichen und allumfassenden Ziele sollten immer Reformation, Versöhnung und die Etablierung eines langanhaltenden Friedens sein. Doch was passiert heutzutage? Wenn heute jemand etwas Falsches oder eine Ungerechtigkeit begeht, dann versucht das Opfer die Rache so stark zu erweitern, dass sie vollkommen unverhältnismäßig ist und viel weiter geht als die ursprünglich begangene Ungerechtigkeit.

Das ist genau das, was wir heutzutage in dem eskalierenden Konflikt zwischen Israel und Palästina bezeugen können. Die Großmächte haben offen ihre Empörung und Sorge zu den Verhältnissen in Syrien, Libyen oder Ägypten zum Ausdruck gebracht, wiewohl argumentiert werden kann, dass sie im Wesentlichen interne Angelegenheiten waren. Dennoch scheinen sie nicht besorgt, oder nicht derart besorgt darüber zu sein, was mit dem palästinensischen Volk geschieht. Diese wahrgenommene Doppelmoral führt dazu, dass Kümmernis und Böswilligkeit den Großmächten gegenüber in den Herzen der Menschen aus den muslimischen Ländern entstehen. Dieser Zorn und diese Feindseligkeit sind sehr gefährlich, können jederzeit überkochen und explodieren. Was wird daraus folgen? Wie stark werden die Industrienationen beschädigt werden? Werden sie überhaupt in der Lage sein, zu überleben? Wie stark werden die Industrienationen beeinflusst werden? Nur Gott kennt die Antworten auf solche Fragen. Ich kann sie nicht beantworten, ja, niemand kann dies beantworten. Worüber wir Gewissheit haben können, ist, dass der Frieden der Welt zerstört sein wird.

Lassen sie uns darüber im Klaren sein, dass ich für kein einziges Land Partei ergreife. Was ich zu sagen wünsche, ist, dass alle Formen von Grausamkeit, wo auch immer sie existieren, ausgemerzt und beendet werden müssen, und zwar unabhängig davon, ob sie vom palästinensischen Volk, dem Volk Israels oder dem Volk eines anderen Landes verübt werden. Die Grausamkeiten müssen beendet werden, denn wenn wir zulassen, dass sie sich ausbreiten, dann werden die Flammen des Hasses die gesamte Welt mit Sicherheit in einem Ausmaß verschlingen, dass die Menschen schnell die Schwierigkeiten vergessen werden, die durch die derzeitige Wirtschaftskrise verursacht wurden. Stattdessen werden sie mit einer viel entsetzlicheren Situation konfrontiert werden. Es wird einen derart hohen Verlust an Leben geben, den man nicht begreifen, ja, den man sich nicht einmal vorstellen kann.

Es ist daher die Aufgabe der europäischen Länder, die während des Zweiten Weltkriegs große Verluste erleiden mussten, aus ihrer Vergangenheit zu lernen, und die Welt vor der Zerstörung zu bewahren. Um dies zu bewerkstelligen, müssen sie die Anforderungen der Gerechtigkeit erfüllen und gewillt sein, ihre Verantwortung diesbezüglich zu akzeptieren. Der Islam betont mit Nachdruck, immer in einer gerechten und fairen Weise zu handeln. Er lehrt, dass keine Partei bevorzugt behandelt oder über Gebühr bevorteilt werden darf. Es sollte so sein, dass ein Missetäter weiß, dass wenn er versucht, ungerecht gegenüber einem anderen Land zu handeln, ihm, unabhängig von seiner Größe und seines Status, von Seiten der internationalen Gemeinschaft es nicht erlaubt werden wird. Wenn die Mitglieder der Vereinten Nationen, die Länder, die von der Europäischen Union profitieren, sowie die Länder, die unter dem Einfluss der Großmächte stehen, ja, sogar die Entwicklungsländer, darin übereinkommen, dies zu akzeptieren, dann und nur dann kann sich Frieden herausbilden.

Ferner – nur dann, wenn die Nationen, die in den Vereinten Nationen ein Vetorecht besitzen, verstehen, dass sie für ihre Handlungen zur Rechenschaft gezogen werden, kann Gerechtigkeit wahrhaftig etabliert werden. In der Tat gehe ich einen Schritt weiter und sage, dass das Recht der Vetomächte deshalb niemals die Etablierung von Frieden wird ermöglichen und zulassen können, weil durch sie ganz offensichtlich nicht alle Länder auf der gleichen Stufe stehen. Dies ist ein Aspekt, auf den ich in diesem Jahr schon einmal hingewiesen habe, als ich zu führenden Politikern und Entscheidungsträgern der Vereinigten Staaten in Capitol Hill sprach. Wenn wir auf die Wahlhistorie der Vereinten Nationen schauen, dann werden wir sehen, dass die Vetomächte nicht immer hilfreich darin waren, denjenigen zu helfen, die unterdrückt werden oder auf die richtige Weise handeln. In Wirklichkeit haben wir gesehen, dass die Vetomacht in manch einer Gelegenheit missbraucht wurde, um Grausamkeiten durchzusetzen und zu unterstützen, anstatt sie zu verhindern. Das ist nicht etwas, was im Verborgenen liegt oder unbekannt ist, viele Berichterstatter haben offen darüber geschrieben.

Ein weiterer schöner Grundsatz, der vom Islam gelehrt wird, lautet, dass Frieden in der Gesellschaft erfordert, dass man seine Wut unterdrückt, anstatt ihr zu erlauben, über Prinzipien der Aufrichtigkeit und Gerechtigkeit zu obsiegen. Die frühe Geschichte des Islam bezeugt, dass wahre Muslime jederzeit nach diesen Prinzipien handelten, und jene, die es unterließen, ernsthaft vom Heiligen Propheten[saw] getadelt wurden. Heute ist dies unglücklicherweise nicht immer der Fall. Es gibt Fälle, in denen Armeen oder Soldaten, die entsandt wurden, um Frieden zu etablieren, sich auf eine Weise verhalten, die ihrem gesetzten Ziel vollkommen entgegengesetzt ist. Beispielsweise haben ausländische Soldaten in einigen Ländern die Leichname ihrer Opfer auf die respektloseste und entsetzlichste Weise behandelt. Kann Frieden auf diese Weise etabliert werden? Die Reaktion auf so ein Verhalten kann sich nicht auf das betroffene Land beschränken, sondern manifestiert sich auf der gesamten Welt. Es ist natürlich so, dass wenn Muslime misshandelt werden, muslimische Extremisten einen Vorteil daraus ziehen und der Frieden der Welt zerbricht, obwohl es gegen die Lehre des Islam ist. Der Islam lehrt, dass Frieden nur etabliert werden kann, wenn beiden, sowohl dem Unterdrückten als auch dem Unterdrücker, auf eine völlig unparteiische Weise, die frei ist von eigenen Interessen und bar ist jeder Feindschaft, geholfen wird. Frieden wird geschaffen, wenn allen Parteien eine gemeinsame Plattform und ein gemeinsames Spielfeld gegeben wird.

Da die Zeit beschränkt ist, werde ich nur noch den Aspekt erwähnen, dass der Islam lehrt, dass keine neidischen Blicke auf den Wohlstand und die Ressourcen anderer gerichtet werden dürfen. Wir sollten nicht das begehren, was anderen gehört, weil auch dies dazu führt, dass der Frieden gestört wird. Wenn wohlhabende Nationen versuchen, den Wohlstand und die Ressourcen weniger entwickelter Länder zu rauben und zu nutzen, um die eigenen Bedürfnisse zu stillen, dann wird natürlicherweise Ruhelosigkeit sich ausbreiten. Wo es angemessen ist, können die Industrienationen einen kleinen und fairen Ertrag für ihre Leistungen nehmen, wenngleich der Großteil der Ressourcen dafür genutzt werden sollte, den Lebensstandard der unterentwickelten Länder zu heben. Ihnen sollte erlaubt sein, zu prosperieren und ihnen sollte dabei geholfen werden, das gleiche Niveau zu erreichen wie die entwickelte Welt, weil dann und nur dann Frieden auf der Welt errichtet werden kann. Wenn die Führungsriegen dieser Länder nicht ehrlich sind, dann sollten die westlichen Nationen oder die Industrienationen selbst die Entwicklung des Landes durch Entwicklungshilfe überwachen und organisieren.

Es gibt zahlreiche Aspekte, die ich noch erörtern könnte, doch auf-

grund des Mangels an Zeit werde ich mich auf die wenigen Aspekte, die ich erwähnt habe, beschränken. Gewiss ist, dass alles, was ich erklärt habe, der wahren Lehre des Islam entspricht.
Es gibt eine Frage, die in ihren Herzen entstehen kann, so lassen Sie mich im Voraus dazu etwas sagen. Sie mögen einwenden, warum werden wir dieser Zerwürfnisse und Unruhen in der muslimischen Welt gewahr, wenn dies die wahren Lehren des Islam sind? Dies habe ich schon beantwortet, als ich die Notwendigkeit der Ankunft eines Reformers, der für uns der Begründer der Ahmadiyya Muslim Jamaat ist, erwähnte. Wir, die Ahmadiyya Muslim Jamaat, werden jede Anstrengung unternehmen, die reine Lehre so weit wie möglich zu verbreiten. Ich bitte Sie alle, auch Anstrengungen darin zu unternehmen, ein Bewusstsein hinsichtlich dieser Angelegenheiten innerhalb ihrer beeinflussbaren Kreise zu schaffen, so dass langanhaltender Frieden in allen Teilen der Welt etabliert werden kann.
Wenn wir in dieser Aufgabe scheitern, dann wird kein Teil dieser Welt von den entsetzlichen und zerstörerischen Konsequenzen des Krieges verschont bleiben. Ich bete, dass Allah, der Allmächtige, die Bevölkerung der Welt dazu befähigen wird, über ihre eigenen Interessen und Wünsche hinauszusehen, um in einem Kraftakt die Welt vor der kommenden Zerstörung zu bewahren. Es sind die Industrienationen des Westens, die in der heutigen Welt die größte Macht besitzen, und deswegen ist es, mehr noch als die der anderen, ihre Aufgabe, diesen Belangen von entscheidender Wichtigkeit ihre Aufmerksamkeit zu widmen.
Zum Schluss möchte ich zum wiederholten Male ihnen allen dafür danken, die Zeit genommen zu haben, um zu kommen und dem, was ich zu sagen hatte, zuzuhören. Möge Allah sie segnen. Ich danke ihnen vielmals.

Können Muslime sich in die westliche Gesellschaft integrieren?

Baitur-Rasheed Moschee, Hamburg, Deutschland 2012

"Es soll

"Es soll
KEIN ZWANG

Können Muslime sich in die westliche Gesellschaft integrieren?

Im Namen Allahs des Gnädigen und immer Barmherzigen

Sehr geehrte Gäste,
Assalam-o-Alaikum Wa Rahmatullahe Wa Barakatohu
Frieden und Segnungen Allahs seien mit Ihnen allen.

Zunächst möchte ich allen Gästen, die unserer Einladung gefolgt sind, um dieser Veranstaltung beizuwohnen, meine Dankbarkeit aussprechen. Viele von Ihnen sind wohlvertraut mit unserer Gemeinde oder Sie verbindet eine lange Freundschaft mit Ahmadi-Muslimen; und ich bin mir sicher, dass diejenigen unter Ihnen, die der Ahmadiyya Gemeinde erst kürzlich vorgestellt wurden, bereits den innigen Wunsch in Ihrem Herzen haben, mehr über die Gemeinde zu erfahren. Ihre Anwesenheit bezeugt, dass Sie glauben, dass weder eine Gefahr noch eine Bedrohung vom Treffen und vom Kontakt mit Ahmadi-Muslimen oder vom Besuch ihrer Moscheen ausgeht.
Die Wahrheit ist, dass in dem derzeitigen Klima, in dem der Großteil der Nachrichten und Berichterstattung über den Islam extrem negativ ist, Nicht-Muslime sehr einfach Bedenken entwickeln könnten, dass der Besuch einer Ahmadi-Moschee zu Schwierigkeiten führen oder Ihnen sogar Schaden zufügen könnte. Indessen beweist mir Ihre Anwesenheit bei dieser Veranstaltung, dass Sie weder Angst vor Ahmadi-Muslimen haben noch sehen Sie sie als eine Bedrohung an. Es zeigt, dass Sie Ahmadis schätzen und glauben, dass sie aufrichtige und an-

ständige Leute sind, genau wie Sie und die Mehrheit der Bevölkerung. Während ich dies sage, möchte ich die Möglichkeit nicht außer Acht lassen, dass eine kleine Anzahl von Ihnen, ungeachtet der Tatsache, dass Sie heute hier erschienen sind, weiterhin Sorgen hegen, dass es negative Konsequenzen haben könnte, hier anwesend zu sein. Es ist möglich, dass Sie die Sorge haben, an der Seite von Personen mit extremistischen Tendenzen oder Denkweisen zu sitzen. Falls irgendjemand unter Ihnen diese Ängste hat, dann sollten Sie Ihr Herz umgehend davon befreien. Wir sind diesbezüglich extrem wachsam und wenn eine solch extremistische Person zufällig versuchen sollte, die Moschee oder unser Gelände zu betreten, dann werden wir harte Maßnahmen ergreifen, um diese Person aus dem Gebäude zu entfernen. Also seien Sie sich sicher, dass Sie in guten Händen sind.

Tatsächlich ist die Ahmadiyya Muslim Jamaat eine Gemeinde, in der ein Mitglied jederzeit und unabhängig davon, an welchem Ort es sich befindet, ausgeschlossen wird, wenn es extremistische Tendenzen aufweist, das Gesetz bricht oder den Frieden zerstört. Wir sind aufgrund unseres absoluten Respekts vor dem Wort „Islam", moralisch dazu verpflichtet, solche harten Schritte einzuleiten, denn Islam bedeutet wörtlich „Frieden" und „Sicherheit". Die wahre Bedeutung des Wortes „Islam" wird von unserer Gemeinde dargestellt. Das Erscheinen dieser wahren Darstellung des Islam wurde sogar schon vor über 1400 Jahren in einer großartigen Prophezeiung des Gründers des Islam, dem Heiligen Propheten Muhammad[saw], vorhergesagt. In der Prophezeiung sagte der Heilige Prophet[saw], dass eine Zeit kommen werde, in der die große Mehrheit der Muslime die wahren und unverfälschten Lehren des Islam vergessen haben würde. Gemäß der Prophezeiung würde Allah in einer solchen Zeit eine Person als einen Reformer, Messias und Mahdi entsenden, um in der Welt den wahren Islam wiederherzustellen.

Wir, die Ahmadiyya Muslim Gemeinde, glauben, dass der Gründer unserer Gemeinde, Hadhrat Mirza Ghulam Ahmad[as] von Qadian, ebenjene Person ist, die in Übereinstimmung mit dieser großartigen Prophezeiung gesandt wurde. Durch die Gnade Allahs ist diese Gemeinde gewachsen und in 202 Ländern der Welt verbreitet. In jedem dieser Länder haben Einheimische verschiedenster Herkunft und Ethnien die Ahmadiyyat akzeptiert. Unabhängig davon, dass sie Ahmadi-Muslime sind, sind sie weiterhin loyale Bürger ihrer jeweiligen Länder. Es gibt keinen Widerspruch oder Konflikt zwischen ihrer Liebe für den Islam und ihrer Liebe für ihr Land. Genau genommen sind diese beiden Loyalitäten miteinander verknüpft und verbunden. Ahmadi-Muslime sind die gesetzestreuesten Bürger der gesamten Nation, wo auch immer sie wohnen. Ich kann mit Bestimmtheit und ohne den geringsten Zweifel sagen, dass die große Mehrheit unserer Gemeindemitglieder diese Eigenschaft besitzt.

Es ist auf diese Eigenschaften zurückzuführen, dass wenn immer Ahmadi-Muslime von einem in ein anderes Land auswandern, oder wenn Einheimische zu Ahmadis konvertieren, sie weder irgendwelche Bedenken hinsichtlich der Integration in einer neuen Gesellschaft haben noch besorgt darüber sind, wie sie sich bei der Förderung der umfassenden nationalen Interessen ihrer Wahlheimat einbringen können. Wohin auch immer Ahmadis gehen, sie werden ihre Länder lieben, wie alle wahren Bürger es sollten, und sie werden ihr Leben damit verbringen, aktiv Verbesserungen und Fortschritte ihrer Nation anzustreben. Der Islam lehrt uns, unser Leben in dieser Art und Weise zu leben, und in der Tat spricht der Islam nicht nur eine behutsame Empfehlung aus, sondern befiehlt uns vielmehr, absolut loyal und treu unserem Aufenthaltsland gegenüber ergeben zu sein. Der Heilige Prophet[saw] betonte sogar speziell, dass die Liebe zu seiner Nation Teil des Glaubens für jeden wahren Muslim ist. Wenn die Liebe zu seinem

Land ein Grundbestandteil des Islam ist, wie kann ein wahrer Muslim Treulosigkeit aufweisen oder seine Nation betrügen und dabei seinen Glauben aufgeben? Was Ahmadi-Muslime betrifft, seien es Männer, Frauen, Kinder oder die Älteren, alle Mitglieder der Gemeinde stehen bei unseren großen Veranstaltungen auf und geben ein Versprechen ab, indem sie Gott als ihren Zeugen nehmen. In diesem Gelöbnis versprechen sie, Leben, Wohlstand, Zeit und Ehre nicht nur für ihre Religion, sondern auch für ihre Nation und ihr Land zu opfern. Welche Bürger könnten loyaler sein, als diejenigen, die unentwegt daran erinnert werden, ihrer Nation zu dienen, und von denen wiederholt das Gelöbnis gefordert wird, dass sie jederzeit dazu bereit sein müssen, Opfer für ihren Glauben, ihr Land und ihre Nation zu erbringen? Manch einer von Ihnen könnte sich die Frage stellen, dass diese Muslime hier in Deutschland, die mehrheitlich aus Pakistan, der Türkei oder anderen asiatischen Ländern stammen, ihre Heimatländer Deutschland gegenüber vorziehen könnten, wenn die Zeit kommt, Opfer für die Nation zu erbringen. Aus diesem Grund sollte ich Folgendes klarstellen und erläutern: Wenn eine Person die deutsche Staatsbürgerschaft erlangt oder die Staatsbürgerschaft eines anderen Landes, dann wird sie ein vollständiger Bürger dieser Nation. Ich habe dieses Argument schon einmal Anfang diesen Jahres in einer Ansprache im Zentrum für Innere Führung der deutschen Bundeswehr in Koblenz sehr ausführlich erläutert. Ich erklärte, was gemäß der islamischen Lehre geschehen müsse, wenn sich Deutschland an einem Krieg mit dem Heimatland eines Immigranten, der deutscher Staatsbürger geworden ist, beteiligen würde. Im Falle, dass der Immigrant Sympathien für sein Heimatland haben sollte und meint, dass die Gefahr bestehe, er könne sich wünschen, dass Deutschland Schaden davontrage oder dass er gar selber Schaden verursachen könne, dann sollte diese Person auf der Stelle auf ihre Staatsbürgerschaft oder ihren Immigranten-Status verzichten und in ihr Heimatland zurückkehren. Wenn diese Person sich jedoch dafür entscheidet zu bleiben, dann erlaubt der Islam überhaupt keine Form von Untreue dem Land gegenüber. Dies ist eine absolute und unmissverständliche Lehre. Der Islam verbietet jede Art von rebellischem Verhalten und Pläne schmieden von einem Bürger gegen seine Nation. Egal, ob Wahlheimat oder Heimatland, der Islam verbietet es, dem Land auf irgendeine Art und Weise Schaden zuzufügen. Wenn eine Person gegen seine Wahlheimat arbeitet oder ihr Schaden zufügt, dann sollte sie wie ein Staatsfeind, wie ein Verräter behandelt werden und gemäß der Landesgesetze bestraft werden.

Das verdeutlicht die Situation eines muslimischen Immigranten. Im Falle eines einheimischen Deutschen oder einer Person eines anderen Landes, die zum Islam konvertiert ist, gibt es keinen anderen Weg, als den der absoluten Treue gegenüber seiner Nation. Eine andere Frage, die manchmal gestellt wird, lautet: Was sollten Muslime, die im Westen leben, tun, wenn ein westliches Land sich an einem Krieg gegen eine muslimischen Nation beteiligt? Um diese Frage zu beantworten, sollte ich zuerst erwähnen, dass der Gründer unserer Gemeinde, der Verheißene Messias[as], erklärt hat, dass wir uns jetzt in einem Zeitalter befinden, indem es keine religiösen Kriege mehr gibt. Im Laufe der Geschichte gab es Zeiten, in denen Kriege und Kämpfe zwischen Muslimen und Andersgläubigen geführt wurden. In diesen Kriegen war das Ziel der Nicht-Muslime, den Muslimen und dem Islam ein Ende zu setzen.

In den meisten der damaligen Kriege waren die Nicht-Muslime die Aggressoren und taten den ersten Schritt, daher hatten die Muslime keine andere Wahl, als sich und ihre Religion zu verteidigen. Der Verheißene Messias[as] erklärte hingegen, dass diese Gegebenheiten nicht länger existieren, da es keine moderne Regierung gibt, die mit dem

Bestreben, den Islam auszulöschen, einen Krieg führt. Ganz im Gegenteil gibt es in den meisten westlichen und nicht-muslimischen Ländern überwiegend Religionsfreiheit. Unsere Gemeinde ist besonders dankbar, dass es solche Freiheiten gibt, die den Ahmadi-Muslimen erlauben, die Botschaft des Islam in nicht-muslimische Länder zu verbreiten. Aufgrund dieser Religionsfreiheit sind wir in der Lage, die wahren und schönen Lehren des Islam, die des Friedens und der Harmonie, der westlichen Welt nahezubringen. Gewiss verdanke ich es der Religionsfreiheit und der Toleranz, dass ich heute vor Ihnen stehen und Ihnen den wahren Islam vorstellen darf. Offensichtlich stellt sich daher heute die Frage nach religiösen Kriegen nicht. Die einzige andere Situation, die heute entstehen kann, ist, wenn ein mehrheitlich muslimisches Land und ein mehrheitlich christliches Land, oder irgendein anderes Land, einen nicht religiös motivierten Krieg gegeneinander führen. Wie sollte sich ein Muslim in einer solchen Situation verhalten, wenn er in einem der Länder lebt, egal ob es ein christliches oder ein anderes Land ist? Um diese Frage zu beantworten, hat der Islam uns ein goldenes Prinzip gelehrt, welches besagt, dass ein Muslim niemals Grausamkeit oder Gewalttaten unterstützen darf. Wenn also ein muslimisches Land Grausamkeiten oder Gewalttaten ausübt, dann sollte es gestoppt werden. Wenn Grausamkeiten oder Gewalttaten von einem christlichen Land ausgeübt werden, dann soll es ebenfalls gestoppt werden.

Wie können einzelne Bürger das eigene Land von Grausamkeit und Ungerechtigkeit abhalten? Die Antwort darauf ist sehr einfach. Heutzutage herrscht in der gesamten westlichen Welt überwiegend Demokratie vor. Wenn eine gerechte Person sieht, dass seine Regierung in gewaltsame Machenschaften verstrickt ist, dann sollte diese Person, oder eine Gruppe von Leuten, ihre Stimme erheben und versuchen ihre Nation auf den richtigen Weg zu leiten. Wenn ein Bürger bemerkt, dass sein Land die Souveränität von anderen Ländern verletzt, dann sollte er die Aufmerksamkeit seiner Regierung suchen und seine Bedenken äußern. Sich zu erheben und friedlich seine Bedenken zu äußern, ist kein Akt der Rebellion oder Revolte. Es ist vielmehr ein Zeichen von wahrer Liebe für seine Nation.

Ein gerechter Bürger kann es nicht ertragen, wenn der Ruf seines Landes Schaden erleidet oder vor der internationalen Gemeinschaft sogar Schande erfährt. Deshalb manifestiert er seine Liebe und Treue gegenüber seinem Land, wenn er es zur Rechenschaft aufruft.

Soweit die internationale Gemeinschaft und ihre Institutionen betroffen sind, lehrt der Islam, dass alle Nationen sich verbünden sollten, um gemeinsam den Aggressor zu stoppen, wenn ein Land zu Unrecht angegriffen wird. Wenn die angreifende Nation zur Besinnung kommt und sich zurückzieht, dann sollten diesem Land keine grausamen Strafen und ungerechte Entscheidungen aufgezwungen werden, um Rache zu nehmen oder um Vorteile aus der Situation zu gewinnen. Man erkennt, dass der Islam Antworten und Lösungen zu allen möglichen Situationen bietet. Der Grundsatz der islamischen Lehre ist, dass man Frieden verbreiten muss und zwar zu solch einem Ausmaß, dass der Heilige Prophet[saw] einen Muslim als eine Person definiert hat, vor dessen Hand und Zunge alle anderen friedlichen Menschen sicher sind. Wie ich bereits gesagt habe, hat uns der Islam gelehrt, dass man niemals Grausamkeit oder Gewalttaten unterstützen darf. Es ist diese schöne und weise Lehre, die einen wahren Muslim in dem Land, in dem er lebt, zu einer Position der Ehre und Würde führt. Es besteht kein Zweifel, dass alle aufrichtigen und anständigen Menschen sich solche friedlichen und rücksichtsvollen Menschen innerhalb ihrer Gesellschaft wünschen würden.

Der Heilige Prophet Muhammad[saw] hat Muslimen eine weitere wunderschöne Lehre für ihr tagtägliches Leben gegeben. Er lehrte, dass ein wahrer Gläubiger nach all dem streben sollte, was gut und rein ist. Ers lehrte, dass wann immer ein Muslim auf ein Wort der Weisheit oder etwas Edles stößt, er dies als sein persönliches Erbe behandeln sollte. Folglich sollten Muslime sich mit der gleichen Entschlossenheit, mit der eine Person versucht, sein rechtmäßiges Erbe zu erlangen, bemühen, von klugem Rat und von Güte zu profitieren, wo auch immer diese gefunden wird. Was für ein schönes und perfektes Leitprinzip ist dies zu Zeiten, in denen es so viele Sorgen um die Integration von Einwanderern gibt. Muslimen wurde gelehrt, dass sie versuchen sollten, sich alle guten Eigenschaften jeder Gesellschaft, jeder Region, jeder Stadt und jedes Landes anzueignen, um sich zu integrieren und um gegenseitigen Respekt zu entwickeln. Es ist nicht genug, diese Werte nur kennenzulernen, vielmehr müssen Muslime sich anstrengen, um diese Werte in ihrem eigenen persönlichen Leben zu integrieren. Dies ist die Führung, die wahrhaftige Zusammengehörigkeit und einen Geist des gegenseitigen Vertrauens und der Liebe erwirkt. Gewiss, wer kann friedliebender sein als ein wahrer Gläubiger, der abgesehen vom Erfüllen der Anforderungen seines Glauben, auch noch versucht, all die guten Eigenschaften, seiner oder jeder anderen Gesellschaft, sich anzueignen? Wer kann mehr Frieden und Sicherheit verbreiten als solch eine Person?

Aufgrund der Kommunikationsmittel, die heutzutage verfügbar sind, ist die Welt jetzt als ein globales Dorf bekannt. Dies ist etwas, dass der Heilige Prophet[saw] vor etwa 1400 Jahren prophezeite, als er sagte, dass eine Zeit kommen würde, wenn die Welt wie eine Einheit erscheinen würde und Entfernungen sich verkürzten. Er sagte, dass aufgrund der schnellen und modernen Mittel der Kommunikation die Menschen in der Lage sein würden, die ganze Welt zu sehen. In der Tat ist dies eine Prophezeiung des Heiligen Koran, die er ausführlich erklärte. Diesbezüglich lehrte der Heilige Prophet[saw], dass wenn eine solche Zeit kommt, die Menschen sich darum bemühen sollten, das Gute derart voneinander zu lernen und anzunehmen, wie sie nach ihrem verlorenen Eigentum suchen würden. In anderen Worten kann gesagt werden, dass alle positiven Dinge angenommen werden sollten, während alle negativen Dinge gemieden werden sollten. Der Heilige Koran hat dieses Gebot erklärt, indem er sagt, dass ein wahrer Muslim derjenige ist, der Gutes gebietet und Böses verbietet. Welches Land oder welche Gesellschaft könnte angesichts all dieser Punkte sagen, dass sie es nicht tolerieren oder akzeptieren können, dass solch friedliebende Muslime oder der Islam unter Ihnen sei? Letztes Jahr hatte ich die Möglichkeit, den Bürgermeister von Berlin zu treffen und ich erklärte ihm, dass es die Lehre des Islam ist, dass man jeden guten Aspekt einer Nation wie sein eigenes persönliches Eigentum behandeln sollte. Er sagte daraufhin, dass, wenn ihr nach dieser Lehre handeln würdet, dann gibt es keinen Zweifel darüber, dass euch die ganze Welt die Hand reichen und unterstützen würde.

Ich bin sehr verwundert und betrübt darüber, wenn ich höre, dass in einigen Teilen Deutschlands behauptet wird, dass weder Muslime noch der Islam in der Lage seien, sich in die deutsche Gesellschaft zu integrieren. Sicherlich ist es wahr, dass der Islam, der durch Extremisten oder Terroristen repräsentiert wird, sich nicht in ein Land oder eine Gesellschaft integrieren kann, geschweige denn in Deutschland. Allerdings wird die Zeit sicherlich kommen, wenn selbst sogar in muslimischen Ländern sich oppositionelle Stimmen gegen diese extremistischen Ideologien lautstark erheben werden. Trotzdem wird der wahre Islam, den der Heilige Prophet[saw] gebracht hat, sicherlich auch immer aufrichtige und anständige Menschen anziehen. In diesem Zeitalter hat Allah den Verheißenen Messias[as] gesandt, um die ursprüngliche Lehre wiederzubeleben. Er wurde in Unterwürfigkeit zum Heiligen Propheten[saw] gesandt und seine Gemeinde praktiziert und predigt die wahre Botschaft des Islam.

Es ist eindeutig, dass niemand mit Recht behaupten könnte, dass der wahre Islam nicht in der Lage sei, sich in eine Gesellschaft zu integrieren. Der wahre Islam ist der, der Rechtschaffenheit und Tugenden verbreitet und alle Formen des Bösen und Fehlverhaltens meidet. Der wahre Islam lehrt den Muslimen, Übel und Grausamkeiten zu stoppen, wo auch immer sie auftreten. Folglich zieht der wahre Islam eine Gesellschaft auf natürliche Weise wie ein Magnet an, anstatt Fragen über mangelnde Integrationsfähigkeit aufzuwerfen. Der Islam lehrt, dass man Frieden nicht nur für sich selbst anstreben und wünschen sollte, sondern dass man den gleichen Einsatz, den man für sich selbst an den Tag legt, auch dann zeigen sollte, wenn es darum geht, Frieden und Harmonie unter seinen Mitmenschen zu verbreiten. Diese selbstlose Einstellung ist der Weg, um Frieden auf der Welt zu etablieren. Gibt es irgendeine Gesellschaft, die diese Lehren nicht schätzen würde und die einem solchen Ansatz nicht zustimmen würde? Gewiss könnte eine gute Gesellschaft sich niemals wünschen, dass die Sittenlosigkeit und das Böse sich in ihr ausbreiten und sie würde niemals ablehnen, dass Tugend und Frieden gefördert werden.

Wenn es um eine Definition des Begriffes „Tugend" geht, so ist es möglich, dass dieser Begriff von religiösen und nicht-religiösen Menschen unterschiedlich definiert wird. Unter allen islamischen Aspekten der Güte und der Tugend gibt es zwei allumfassende Tugenden, aus denen alle anderen Formen der Güte entspringen. Das eine sind die Pflichten gegenüber Allah, dem Allmächtigen, und das andere sind die Pflichten der Menschheit gegenüber. Während es bei ersteren einen Unterschied in der Definition der Tugend zwischen religiösen und nicht-religiösen Menschen gibt, so gibt es doch keinen Unterschied bei letzteren, nämlich den Pflichten gegenüber der Menschheit. Die Rechte, die Allah gebühren, beziehen sich auf die Anbetung und alle Religionen bieten ihren Anhängern diesbezüglich Führung. In Bezug auf die Pflichten gegenüber den Menschen haben beide, sowohl die Religionen als auch die Gesellschaften, die Menschheit erzogen. Der Islam erklärt uns die Rechte der Menschen in beträchtlicher Tiefe und im Detail, deshalb wäre es unmöglich, alle diese Lehren an dieser Stelle zu erläutern. Ich werde jedoch einige wichtige islamische Gebote nennen, die notwendig sind, um in einer Gesellschaft Frieden zu entfalten.

Der Islam lehrt, dass man die Gefühle anderer respektieren und beachten sollte. Dies beinhaltet sowohl religiöse Gefühle als auch die Gefühle Anderer hinsichtlich allgemeiner sozialer Fragen. Um die religiösen Gefühle eines jüdischen Mannes zu wahren, hat der Heilige Prophet[saw] einmal Partei für einen Juden ergriffen, nachdem dieser eine Auseinandersetzung zwischen sich selbst und einem Muslim geschildert hatte. Um die Gefühle der jüdischen Person zu schonen, hat der Heilige Prophet[saw] den Muslim zurechtgewiesen, indem er ihm sagte, er solle nicht den Anspruch erheben, dass der Heilige Prophet[saw] Moses[as] überlegen wäre, obwohl er wusste, dass er selbst das letzte gesetzbringende Buch gebracht hatte. Dies ist die Art und Weise wie sich der Heilige Prophet[saw] um die Gefühle anderer kümmerte und Frieden in der Gesellschaft etablierte.

Eine weitere großartige Lehre des Islam ist es, die Rechte der Armen und sozial Benachteiligten zu wahren. Um dies zu erfüllen, lehrt der Islam den Menschen, nach Möglichkeiten zu suchen, durch die die gesellschaftliche Stellung der sozial benachteiligten Schichten der Gesellschaft verbessert werden können. Durch eine selbstlose Art sollten wir danach streben, den Benachteiligten zu helfen, und wir sollten sie niemals in irgendeiner Form ausnutzen. Bedauerlicherweise gründen heutzutage Projekte und Möglichkeiten, die geschaffen werden, um Benachteiligten scheinbar zu helfen, oftmals auf Kredite, bei denen die Rückzahlung dem Zins unterliegt. Zum Beispiel erhalten Studenten häufig ein Darlehen, das ihnen helfen soll, ihre Bildung abzuschließen oder andere erhalten Kredite, um sich selbstständig zu machen, wiewohl es jedoch Jahre oder sogar Jahrzehnte dauert, diese wieder zurückzuzahlen. Nach Jahren der Anstrengung oder nach einer Wirtschaftskrise können diese Menschen mit der gleichen Höhe an Schulden dastehen oder sich womöglich in einer noch schlechteren finanziellen Lage befinden. Als in den vergangenen Jahren viele Teile der Welt von einer Finanzkrise heimgesucht wurden, haben wir zahllose dieser Beispiele bezeugen können oder davon gehört.

Eine Anschuldigung, die üblicherweise gegen den Islam vorgebracht wird, lautet, dass Frauen nicht fair und gleich behandelt werden. Diese Anschuldigung hat jedoch keinerlei Fundament oder Grundlage. Der Islam hat den Frauen Würde und Ehre gegeben; ich werde ein oder zwei Beispiele anführen. Der Islam gab den Frauen das Recht, sich infolge schlechten Verhaltens von ihrem Ehemann scheiden zu lassen und das in einer Zeit, wo Frauen lediglich als Eigentum oder bewegliches Gut betrachtet wurden. Erst im letzten Jahrhundert wurde den Frauen in der entwickelten Welt dieses Recht ordnungsgemäß eingeräumt. Weiterhin hat der Islam den Frauen das Recht auf Erbschaft gegeben, in einer Zeit als Frauen ohne Status oder Wert erachtet wurden. Dieses Recht wurde den Frauen in Europa erst vor relativ kurzer Zeit zugestanden.

Der Islam gibt auch seinen Nachbarn Rechte. Der Koran gibt detaillierte Richtlinien darüber, wer als Nachbar zählt und was deren Rechte sind. Nachbarn sind diejenigen, die neben einem sitzen, die Häuser in der näheren Umgebung, einschließlich diejenigen, die man kennt und sogar diejenigen, die man nicht kennt, genau genommen umfasst der Nachbarschaftsstatus die nächsten 40 Häuser, von denen man umgeben ist. Als Nachbarn miteingeschlossen sind auch diejenigen, mit denen man reist, weswegen wir angewiesen sind, auch auf sie zu achten. Dieses Gebot wurde derartig betont, dass der Heilige Prophet[saw] sagte, er dachte, dass die Nachbarn vielleicht zu den vorgeschriebenen Erben mit einbezogen werden. Der Heilige Prophet[saw] ging sogar so weit zu sagen, dass eine Person, vor der ein Nachbar nicht sicher ist, nicht als Gläubiger oder Muslim eingestuft werden kann.

Ein weiteres Gebot des Islam zum Wohlergehen der Anderen besagt, dass alle Parteien dazu verpflichtet sind, einander zu helfen, um die Pflichten den Schwachen und Verletzlichen gegenüber zu erfüllen und ihren Status zu verbessern. Um diese Aufgabe zu erfüllen und um diese Lehre umzusetzen, stellt die Ahmadiyya Muslim Jamaat Grundschul- sowie Hochschulausbildung in den armen und sozial benachteiligten Ländern der Welt bereit. Wir bauen und betreiben Schulen und wir vergeben und finanzieren Stipendien für die Hochschulbildung, so dass sozial Benachteiligte in die Lage versetzt werden, auf eigenen Füßen zu stehen.

Ein weiteres Gebot des Islam ist, dass man alle Versprechen und Vereinbarungen erfüllen muss. Dies beinhaltet alle Versprechen, die man anderen gibt und setzt voraus, dass ein Muslim das Versprechen der Loyalität seinem Land gegenüber als Bürger erfüllt. Dies ist etwas, worüber ich vorhin schon gesprochen habe.

Ich habe nur einige Punkte erwähnt, um Ihnen das Ausmaß zu zeigen, welch mitfühlende und liebende Religion der Islam ist. Es ist eine Angelegenheit großer Traurigkeit, dass der Islam mit der gleichen Kraft, mit der er Frieden lehrt und dazu aufruft, von den Gegnern des Islam oder denjenigen, denen die wahre Lehre des Islam unbekannt ist, mit unbegründeten Anschuldigungen angegriffen wird. Wie ich schon sagte: es ist die Ahmadiyya Muslim Jamaat, die in dieser Zeit die wahre Botschaft des Islam darstellt und verbreitet. Vor diesem Hintergrund möchte ich diejenigen, die aufgrund der Aktionen einer

Minderheit der Muslime Einwände gegen den Islam erheben, bitten, dass sie diese Individuen hinterfragen und verantwortlich machen, aber sie sollten nicht solch ungerechte Beispiele verwenden, um die wahren Lehren des Islam zu diskreditieren.

Sie sollten nicht der Ansicht sein, dass die Lehren des Islam für Deutschland oder irgendein anderes Land gefährlich oder bedrohlich sind. Sie sollten nicht darüber besorgt sein, ob ein Muslim sich in die deutsche Gesellschaft integrieren kann oder nicht. Wie ich bereits gesagt habe; es ist eine Vortrefflichkeit des Islam, dass er Muslimen lehrt, alle guten Dinge anzunehmen, so dass kein Zweifel bestehen kann, ob ein Muslim sich in jedwede Form der Gesellschaft integrieren und in ihr leben kann. Wenn jemand etwas Gegensätzliches tut, ist er zwar dem Namen nach ein Muslim, aber kein Anhänger der wahren Lehren des Islam. Natürlich können Muslime nicht die Anweisungen aus dem Heiligen Koran in Bezug auf die Prinzipien der Bescheidenheit, der Heiligkeit von Religion oder das Handeln nach Gerechtigkeit missachten, selbst wenn sie dazu aufgefordert werden. Allerdings sind solche Angelegenheiten keine Fragen der Integration, sondern tatsächlich Fragen der persönlichen Religionsfreiheit.

Die Verletzung der Religionsfreiheit ist kein Problem, das nur Muslime betrifft, sondern es setzen sich eigentlich alle aufrichtigen und anständigen Menschen dafür ein und sprechen sich dafür aus und erklären öffentlich, dass keine Regierung oder Gesellschaft in die persönlichen religiösen Rechte eingreifen sollte. Ich bete, dass Deutschland und jedes andere Land, das das Zuhause für Menschen verschiedener Nationalitäten und Kulturen geworden ist, einen hohen Maßstab setzt, was Toleranz und den Respekt für die gegenseitigen Gefühle und Empfindungen angeht. Mögen diese Menschen auf diesem Wege die Vorbilder für diejenigen sein, die für gegenseitige Liebe, Zuneigung und Frieden eintreten. Dies wird das Mittel sein, um permanenten Weltfrieden und Sicherheit zu garantieren, sodass die Welt vor der Zerstörung, auf die sie sich zubewegt und welche das Resultat eines gänzlichen Mangels von gegenseitiger Toleranz ist, bewahrt werden kann.

Die Bedrohung einer entsetzlichen Zerstörung braut sich über uns zusammen. Um uns vor so einer Verwüstung zu bewahren, muss jedes Land und jeder Einzelne, ob religiös oder nicht, sehr, sehr vorsichtig sein. Möge jede Person auf dieser Welt diese Realität erkennen. Zum Schluss möchte ich mich noch einmal bei Ihnen allen bedanken. Danke, dass Sie sich die Zeit genommen haben, hier zu erscheinen, anwesend zu sein und meinen Worten Gehör zu schenken. Möge Allah Sie alle segnen. Ich danke Ihnen vielmals."

Islam - Eine Religion des Friedens und der Barmherzigkeit

Houses of Parliament, London, Vereinigtes Königreich 2013

1913 - 2013

Vorwort

Am 11. Juni 2013 hielt der Kalif anlässlich des hundertjährigen Jubiläums der Ahmadiyya Muslim Jamaat im Vereinigten Königreich, eine Rede im Parlamentsgebäude von London. An den Feierlichkeiten des hundertjährigen Jubiläums nahmen 68 Würdenträger teil, darunter 30 MPs [Parlamentsmitglieder, A. d. Ü.] und 12 Mitglieder des House of Lords, einschließlich 6 Kabinettsminister und 2 Minister. Verschiedene Medien, darunter BBC, Sky TV und ITV, waren ebenso anwesend, um über dieses Ereignis zu berichten. Neben anderen Teilnehmern waren auch der Kabinettsminister für Energie und Klimawandel Ed Davey MP, der stellvertretende Premierminister Nick Clegg MP, die Innenministerin Theresa May MP, der Schattenaußenminister Douglas Alexander MP, der Vorsitzende für den Innenausschuss Keith Vaz MP und das Parlamentsmitglied für Mitcham und Morden Siobhain McDonaugh MP anwesend.

Islam - Eine Religion des Friedens und der Barmherzigkeit

Im Namen Allahs des Gnädigen und immer Barmherzigen

Sehr geehrte Gäste,
Assalam-o-Alaikum Wa Rahmatullahe Wa Barakatohu
Frieden und Segnungen Allahs seien mit Ihnen allen.

Zunächst möchte ich all jenen Freunden der Ahmadiyya Muslim Jamaat danken, die anlässlich des hundertjährigen Jubiläums unserer Gemeinde im Vereinigten Königreich freundlicherweise diese Veranstaltung im Parlamentsgebäude als Ausdruck ihrer Freundschaft und engen Beziehung zu uns organisierten. Ich möchte zudem all jenen Gästen danken, die durch ihre Anwesenheit heute sicherstellen, dass diese Veranstaltung erfolgreich und lohnenswert wird. Ich bin erfreut darüber, dass eine große Anzahl von Ihnen hier sitzt und nicht durch andere Verpflichtungen oder Treffen verhindert ist.
Als Antwort auf diese Geste möchte ich neben dem Ausdruck meiner Dankbarkeit und Wertschätzung auch sagen, dass ich aufrichtig hoffe und bete, dass all die Abteilungen und Personen, die in diesem schönen und prachtvollen Gebäude arbeiten, dazu fähig sein mögen, die Verpflichtungen des Dienstes an diesem Land und seiner Menschen zu erfüllen. Ich hoffe zudem und bete, dass es ihnen möglich ist, in der bestmöglichen Weise gute Beziehungen zu anderen Nationen zu pflegen, mit Gerechtigkeit zu handeln und so Entscheidungen zu treffen,

die zum Nutzen aller Parteien sind. Wenn dieser Geist angenommen wird, so wird dieser die besten Früchte hervorbringen, welche Liebe, Zuneigung und Brüderlichkeit sind, und die Welt dahin führen, zu einer wahren Stätte des Friedens und Wohlergehens zu werden.
Dies Anliegen und Gebet von mir wird durch alle Ahmadi-Muslime geteilt, da wir daran glauben, dass es notwendig ist, eine tiefe Liebe für das eigene Land sowie für die Menschheit im Allgemeinen zu hegen. Tatsächlich glauben Ahmadi-Muslime, dass die Liebe zum eigenen Land ein notwendiger Teil des Glaubens ist, da der Gründer des Islam, der Heilige Prophet Muhammad[saw], diese nachdrücklich forderte und lehrte. Lassen Sie mich daher sehr deutlich zum Ausdruck bringen, dass jeder Ahmadi-Muslim, der ein britischer Staatsbürger ist, ob nun hier im Vereinigten Königreich geboren oder als Immigrant von Außerhalb zugewandert, diesem Land gegenüber vollkommen loyal ist und wahrhaftige Liebe für dieses hegt; sie wünschen sich nur den Fortschritt und das Wohlergehen dieser großartigen Nation.
Die Anzahl von Menschen aus anderen Nationen, die nun im Vereinigten Königreich leben, ist sehr hoch und wird auf etwa 14-15% der Gesamtbevölkerung dieses Landes geschätzt. Daher kann ich nicht fortfahren, ohne die großartigen Eigenschaften der Offenherzigkeit und Toleranz des einheimischen britischen Volkes zu erwähnen und sie dafür zu loben, wie sie Immigranten als Mitglieder des Landes akzeptierten und es ihnen erlaubten, ein Teil des Gefüges der Britischen Gesellschaft zu werden. In diesem Sinne wird es zu einer obliegenden moralischen Verantwortung dieser Personen, die gekommen sind, um sich hier anzusiedeln, sich als loyale Bürger dieses Landes zu erweisen. Sie müssen die Regierung in ihren Bemühungen, jederart Unordnung und Unfrieden zu bekämpfen, unterstützen. Soweit es die Ahmadiyya Muslim Jamaat betrifft, handeln die Mitglieder genau nach diesem Prinzip, in welchem Land auch immer sie leben.

Wie Ihnen bekannt ist, feiern wir gegenwärtig das hundertjährige Jubiläum der Ahmadiyya Muslim Jamaat im Vereinigten Königreich. Diese vergangenen 100 Jahre beweisen und bezeugen die Tatsache, dass die Mitglieder der Ahmadiyya Jamaat immer der Forderung nach Loyalität gegenüber ihrem Lande nachgegangen sind und sich stets von allen Formen von Extremismus, Rebellion und Unruhe ferngehalten haben. In Wahrheit ist der wesentliche Beweggrund für diese Loyalität und liebevolle Haltung nur der Tatsache geschuldet, dass die Ahmadiyya Muslim Jamaat eine wahre islamische religiöse Gemeinde ist. Unsere Gemeinde hebt sich dadurch hervor, dass wir fortwährend die wahren und friedlichen Lehren des Islam den Menschen der Welt näherbringen und stets danach streben, dass diese wahren Lehren als der wirkliche Islam angenommen werden.
Mit diesen wenigen Worten der Einführung möchte ich nun zur Hauptthematik meiner Rede kommen. Unsere Religionsgemeinschaft ist die Fahnenträgerin von Frieden, Versöhnung und Harmonie, weshalb auch unser Motto „Liebe für alle, Hass für keinen" lautet. Trotz der Tatsache, dass einige Nicht-Muslime uns kennen oder durchaus auch enge Beziehungen zu uns haben, sind sie sehr überrascht darüber, dass die Ahmadiyya Muslim Jamaat ihre Botschaft des Friedens und der Brüderlichkeit unmittelbar dem Islam zuschreibt. Die Ursache ihrer Überraschung rührt daher, dass sie sehen, dass viele andere sogenannte islamische Gelehrten und Organisationen in einer vollkommen anderen Weise handeln und sprechen und eine äußerst abweichende Botschaft propagieren. Um diesen Unterschied zu erklären, lassen Sie mich klarstellen, dass wir Ahmadi-Muslime daran glauben, dass in diesem Zeitalter das Konzept eines gewaltsamen „Jehad des Schwertes" vollkommen falsch und abzulehnen ist, während einige andere muslimische Gelehrte dieses unterstützen oder sogar

praktizieren. Ihre Glaubenslehren haben zur Entstehung vieler extremistischen und terroristischen Organisationen innerhalb der Muslime in verschiedenen Teilen der Welt geführt.
Es sind nicht nur Gruppen, die entstehen, sondern wir sehen, dass auch einige Individuen Vorteile von diesen falschen Vorstellungen ziehen und gemäß diesen handeln. Das jüngste Beispiel dessen ist gewiss die brutale Ermordung eines unschuldigen britischen Soldaten auf den Straßen Londons. Es war ein Angriff, der absolut nichts mit den wahren Lehren des Islam gemein hatte; vielmehr verurteilen die islamischen Lehren solche Akte zutiefst. Solch üble Anschläge demonstrieren den eindeutigen Unterschied zwischen den wahren Lehren des Islam und den fehlgedeuteten Lehren, die manche sogenannte Muslime in Folge ihrer verborgenen Beweggründe praktizieren. Jedoch möchte ich auch sagen, dass die Reaktion einiger hiesiger Gruppen nicht angemessen ist und den Frieden der Gesellschaft zerstören kann.
Welchen Beweis gibt es für unsere Behauptung, dass das, was wir hinsichtlich der islamischen Lehren glauben richtig ist? Der zugrunde liegende Aspekt, der zu betrachten ist, ist der, dass der Gebrauch des Schwertes oder der Gewalt lediglich erlaubt ist, wenn ein religiöser Krieg gegen den Islam geführt wird. In der heutigen Welt führt niemand, sei es ein Land oder eine Religion, einen physischen Krieg gegen den Islam und greift ihn auf religiöser Grundlage an. Demnach ist es für Muslime in keinster Weise gerechtfertigt, eine andere Partei im Namen der Religion anzugreifen, da dies eindeutig die Lehren des Heiligen Koran missachten würde.
Der Heilige Koran hat Gewalt lediglich gegen jene erlaubt, die Krieg führten und ihr Schwert gegen den Islam erhoben. Ein weiterer wesentlicher Aspekt ist auch der, dass ein Bürger eindeutig gegen die Lehren des Islam agiert, wenn er danach strebt, irgendeine Form von

Schaden seinem Land oder seinen Mitbürgern zuzufügen. Der Heilige Prophet Muhammad[saw] sagte, dass derjenige, der das Blut einer unschuldigen Person vergießt, kein Muslim ist. Der Heilige Prophet[saw] betrachtete solche Menschen als schwach im Glauben und als Sünder. Ich werde nun zu weiteren Aspekten des Islam übergehen, die beweisen, wie erleuchtet und rein dessen Lehren in Wirklichkeit sind. Ich werde erklären, dass die Weise, wie einige so genannte muslimische Gruppen den Islam präsentieren, in keinerlei Hinsicht die wahren Lehren der Religion repräsentieren. Es wird deutlich werden, dass ihre Handlungen durch den alleinigen Wunsch geleitet sind, ihre eigennützigen Interessen zu erfüllen, indem sie fälschlicherweise den Namen des Islam gebrauchen, um ihre hasserfüllten Taten zu rechtfertigen.

Der Islam legt so viel Nachdruck auf die Wichtigkeit religiöser Toleranz, dass es unmöglich sein wird, jene hohen Standards irgendwo anders wiederzufinden. Andere Menschen neigen dazu zu glauben, dass solange nicht bewiesen wird, dass andere Religionen falsch seien, sie die Wahrheit ihrer eigenen Religion nicht beweisen können. Der islamische Denkansatz unterscheidet sich sehr davon, da er lehrt, dass während der Islam eine wahre Religion ist und für die gesamte Menschheit gesandt wurde, es ebenso auch der Wahrheit entspricht, dass alle Propheten Gottes zu allen Menschen und Nationen dieser Welt gesandt wurden. Dies wird eindeutig im Heiligen Koran erwähnt. Allah sagt, dass alle Propheten von Ihm mit Lehren der Liebe und Zuneigung gesandt wurden, weswegen alle Muslime sie akzeptieren müssen. Keine andere Religion ehrt jeden Glauben und jede Nation derart bereitwillig und offen wie der Islam es tut. Da Muslime daran glauben, dass Propheten zu allen Menschen und zu allen Nationen gesandt worden sind, können sie noch nicht einmal daran denken, sie als falsch anzusehen. Folglich können Muslime keinen der

Propheten Gottes missachten, verspotten oder beleidigen, noch die Gefühle der Anhänger anderer Religionen verletzen.

Doch traurigerweise ist die Haltung einiger Nicht-Muslime das exakte Gegenteil. Sie lassen keine Gelegenheit aus, um den Gründer des Islamsaw schmerzlich zu verspotten und zu verunglimpfen und so die Gefühle der Muslime schwer zu verletzten. Wir wünschen uns wahrhaftig religiöse Toleranz und gegenseitiges Verständnis aufgrund der Glaubenslehren, an die wir festhalten. Wenn allerdings bestimmte Elemente mit den Gefühlen der Muslime spielen, führt dies bedauerlicherweise dazu, dass einige sogenannte Muslime auf die Provokation in einer vollkommen falschen und verantwortungslosen Weise reagieren. Ihre Reaktionen und ihre Antwort stehen in keiner Beziehung zu den wahren Lehren des Islam und Sie werden gewiss sehen, dass kein Ahmadi-Muslim, wie stark dieser auch provoziert wird, mit solch einem negativen Verhalten reagieren wird.

Eine andere schwere Beschuldigung gegen den Gründer des Islam[saw] und den Heiligen Koran ist die, dass sie Lehren des Extremismus vermittelten und den Gebrauch von Gewalt förderten, um die Botschaft des Islam zu verbreiten. Um diese Behauptung beurteilen zu können und die Wahrheit zu finden, lassen Sie uns einen Blick in den Heiligen Koran selbst werfen. Allah, der Allmächtige, sagt:

> "Und hätte dein Herr Seinen Willen erzwungen, wahrlich, alle, die auf der Erde sind, würden geglaubt haben insgesamt. Willst du also die Menschen dazu zwingen, dass sie Gläubige werden?" (10:100)

Dieser Vers erklärt eindeutig, dass Gott als der Besitzer aller Macht alle Menschen einfach dazu zwingen könnte, dieselbe Religion anzunehmen, doch Er hat stattdessen den Menschen auf dieser Welt die

Freiheit zur Entscheidung gegeben – zu glauben oder nicht zu glauben.
Und da Gott der Menschheit diese Entscheidungsfreiheit gewährte, wie könnte dann der Heilige Prophet Muhammad[saw] oder einer seiner Anhänger jemanden dazu nötigen oder zwingen, ein Muslim zu werden? Allah, der Allmächtige, sagt des Weiteren im Heiligen Koran:

> "Die Wahrheit ist es von eurem Herrn: darum lass den gläubig sein, der will, und den ungläubig sein, der will." (18:30)

Dies ist die Wirklichkeit des Islam. Dies ist seine wahre Lehre. Wenn die Herzen der Menschen es begehren, dann steht es ihnen frei, den Islam zu akzeptieren, doch wenn ihre Herzen dies nicht tun, dann steht es ihnen frei, diesen abzulehnen. Sonach ist der Islam vollkommen gegen Zwang und Extremismus; vielmehr plädiert er für Frieden und Harmonie auf jeder Ebene der Gesellschaft. Es ist gänzlich unmöglich für den Islam, Gewalt oder Zwang zu lehren, da die eigentliche Bedeutung von „Islam" besagt, in Frieden zu leben und allen anderen Frieden zu bieten. Dennoch, wenn unsere religiösen Gefühle verhöhnt werden, bringt uns dies großen Schmerz und Kummer. Jedes verächtliche Wort über den Heiligen Propheten Muhammad[saw] durchdringt und verwundet unsere Herzen.
Es war der Gründer des Islam[saw], der die Liebe Gottes und die Liebe zu Seiner Schöpfung in unseren Herzen entwickelte. Er war es, der Liebe und Respekt für die ganze Menschheit und für alle Religionen in uns verwurzelte und etablierte. Welch größeren Beweis für die friedvollen Lehren des Islam kann es geben, als die Antwort der Gegner des Heiligen Propheten[saw], die sie gaben, als er[saw] ihnen die Botschaft des Islam überbrachte. Sie sagten nicht, dass der Heilige Prophet[saw] sie durch seine Einladung zum Islam zum Verüben von Grausamkeiten

und Missetaten verleiten wolle. Vielmehr erwiderten sie, dass dann, wenn sie die Lehren des Propheten[saw] akzeptieren würden, ihr Reichtum und ihr Status durch skrupellose Menschen bedroht oder beschlagnahmt würde, da der Heilige Prophet[saw] lediglich Frieden und Harmonie betonte. Sie gestanden die Furcht ein, dass durch ihre Annahme des Islam und somit des Friedens die von ihnen umgebenden Menschen, Stämme oder sogar Nationen einen Vorteil daraus ziehen könnten und sie vernichtet werden würden. Kurzum, wenn der Islam Gewalt fördern und die Muslime dazu aufrufen würde, ihre Schwerter zu erheben und Krieg zu führen, dann hätten die Nicht-Gläubigen sicherlich nicht diese Rechtfertigung vorgebracht. Sie würden nicht gesagt haben, dass ihre Ablehnung des Islam aus Furcht vor dessen Lehren des Friedens bestand, nämlich dass diese zu ihrem Ruin durch die Hände weltlicher Menschen führen könnten.

Der Heilige Koran erklärt, dass eines der Attribute Gottes, des Allmächtigen, „Salam" ist, welches bedeutet, dass Er „die Quelle des Friedens" ist. Es folgt, wenn Gott wirklich die „Quelle des Friedens ist", dass dann Sein Frieden all Seine Schöpfung und die gesamte Menschheit umfassen muss, als dass sie nur auf eine bestimmte Gruppe von Menschen beschränkt wäre. Wenn Gottes Frieden lediglich dazu bestimmt wäre, einige Menschen zu beschützen, dann lässt sich nicht sagen, dass Er ein Gott für die gesamte Welt ist. Allah, der Allmächtige, hat auf diesen Aspekt im Heiligen Koran geantwortet. Allah sagt:

> „Bei seinem (des Propheten) Ruf: ‚O mein Herr! dies ist ein Volk, das nicht glauben will.' Drum wende dich ab von ihnen und sprich: ‚Frieden!' Und bald werden sie erkennen." (43: 89-90)

Diese Worte illustrieren, dass der Heilige Prophet[saw] eine Lehre brachte, die eine Quelle der Gnade und Barmherzigkeit für alle Menschen war und die ein Mittel für den Frieden der gesamten Menschheit bedeutet. Dieser Vers gibt zudem zu erkennen, dass die Gegner des Heiligen Propheten[saw] als Antwort auf seine Botschaft des Friedens nicht nur seine Lehren ablehnten, sondern darüber hinaus ihn sogar verhöhnten und beleidigten. Tatsächlich sind diese noch weiter gegangen und standen ihm in Feindseligkeit gegenüber und schufen Unruhe und Zwietracht. Angesichts all dessen wandte sich der Heilige Prophet[saw] zu Gott:

> „Ich wünsche ihnen Frieden zu geben, doch sie geben mir keinen Frieden. Dies außer Acht lassend, streben sie sogar danach, mir Schmerzen und Qualen zuzufügen."

Als Antwort tröstete Allah ihn, indem Er sagte:

> „Ignoriere was auch immer sie tun und wende dich von ihnen ab. Deine einzige Aufgabe ist es, Frieden in der Welt zu verbreiten und zu etablieren. Du solltest auf ihren Hass und ihre Verfehlungen einfach mit den Worten ‚Frieden sei auf euch' antworten und ihnen erklären, dass du ihnen Frieden gebracht hast."

So verbrachte der Heilige Prophet[saw] sein gesamtes Leben damit, Frieden auf der Welt zu verbreiten. Das war seine edle Mission. Sicherlich wird ein Tag kommen, an dem die Menschen dieser Welt realisieren und verstehen werden, dass er[saw] keinerlei Lehren des Extremismus brachte. Sie werden erkennen, dass alles, was ersaw brachte, eine Botschaft des Friedens, der Liebe und der Güte war. Wenn die Anhänger dieses edlen Gesandten auf Grausamkeiten und Ungerechtigkeiten in derselben liebevollen Weise antworten, dann gibt es keinen Zweifel daran, dass jene, die Vorwürfe gegen die hervorragenden Lehren des

Islam erheben, eines Tages von dessen Wahrheit und Schönheit überzeugt werden.
Die Ahmadiyya Muslim Jamaat folgt und lebt diese Lehren. Es sind diese Lehren des Verständnisses, der Toleranz und der Barmherzigkeit, die wir fördern und bis an die Enden der Welt verbreiten. Wir folgen dem historischen und unvergleichlichen Beispiel von Güte und Nächstenliebe, welches durch den Heiligen Propheten Muhammad[saw] demonstriert wurde, als ersaw nach Jahren bitterster und entsetzlichster Grausamkeit und Verfolgung siegreich auf die Straßen Mekkas zurück kehrte. Für Jahre wurde ihm und seinen Anhängern der Zugang selbst zu den grundlegenden Notwendigkeiten wie Nahrung und Wasser unterbunden und so verbrachten sie viele Tage in Hungersnot. Viele seiner Anhänger wurden angegriffen und einige auf zutiefst barbarische und gnadenlose Weise ermordet, wie es sich kein Mensch vorstellen kann. Selbst die älteren Muslime, die muslimischen Frauen und muslimischen Kinder wurden nicht verschont; vielmehr wurden auch sie in einer rücksichtslosen und brutalen Art und Weise behandelt. Doch als der Heilige Prophet[saw] siegreich nach Mekka zurückkehrte, suchte er keine Rache. Stattdessen rief er Folgendes aus:

> „Es soll keine Bestrafung auf niemandem von euch liegen, da ich euch allen vergeben habe. Ich bin ein Bote der Liebe und des Friedens. Ich habe das größte Wissen über Allahs Attribut der ‚Quelle des Friedens' – Er ist Der, der Frieden gibt. Daher vergebe ich euch allen eure vergangenen Verfehlungen und ich gebe euch eine Garantie des Friedens und der Sicherheit. Euch steht es frei, in Mekka zu bleiben und eure Religion frei zu praktizieren. Keiner wird in irgendeiner Weise genötigt oder gezwungen."

Einige der entschiedensten Ungläubigen waren aus Mekka aus Angst vor einer Bestrafung geflohen, weil sie wussten, dass sie jegliche Grenzen in ihren Grausamkeiten gegenüber den Muslimen überschritten hatten. Als die Angehörigen dieser Ungläubigen jedoch diesen unübertroffenen Akt der Barmherzigkeit und der Güte sowie diese einzigartige Demonstration von Frieden und Harmonie erlebten, sandten sie ihren Verwandten entsprechende Nachricht zurückzukehren. Sie wurden darüber informiert, dass der Heilige Prophet[saw] nichts als Frieden und Sicherheit erlassen hat, und so kehrten sie nach Mekka zurück. Als sie, die zuvor die entschlossensten Gegner des Islam waren, nun selbst das Wohlwollen und die Gnade des Heiligen Propheten[saw] sahen, nahmen sie den Islam aus freien Stücken an.

Was ich ausgeführt habe, ist Teil der dokumentierten Geschichte und auch die Mehrheit der nicht-muslimischen Historiker und Orientalisten bestätigt diese Wahrheit. Dies sind die wahren Lehren des Islam und dies war das edle Beispiel des Heiligen Propheten Muhammad[saw]. Den Islam und dessen Gründer als gewalttätig zu bezeichnen und solche Behauptungen gegen sie zu erheben, ist daher eine grausame Ungerechtigkeit. Es besteht kein Zweifel darin, dass wir, wo auch immer solch falsche Behauptungen geäußert werden, zutiefst betrübt darüber sind.

Ich möchte erneut betonen, dass es heute unsere Gemeinde, die Ahmadiyya Muslim Jamaat, ist, die den ursprünglichen und friedfertigen Lehren des Islam folgt und entsprechend dieser lebt.

Und ich möchte erneut hervorheben, dass die hasserfüllten böswilligen Taten durch extremistische Organisationen oder Individuen in keinerlei Beziehung zu den wahren Lehren des Islam stehen.

Wahre Gerechtigkeit erfordert, dass eigennützige Interessen von Individuen oder Gruppen nicht den Lehren einer Religion zugeschrieben werden. Solche Taten sollten nicht als Ausrede benutzt werden, um eine andere Religion oder deren Gründer ungerechterweise zu kritisieren. Es ist ein dringender Bedarf dieser Zeit, dass, um globalen

Frieden und Harmonie zu etablieren, alle Menschen gegenseitigen Respekt sowie Achtung für andere Religionen zeigen sollten. Die Alternativen wären verheerend.

Die Welt ist zu einem globalen Dorf geworden und ein Mangel an gegenseitigem Respekt und ein Verfehlen darin, sich für die Förderung des Friedens zu vereinen, wird nicht nur auf lokaler Ebene, der Stadt oder dem Land schaden, sondern wird letztlich tatsächlich zur Zerstörung der gesamten Welt führen. Wir sind uns alle über die verheerende Zerstörung, die die letzten beiden Weltkriege hervorgebracht haben, bewusst. Aufgrund der Handlungen bestimmter Länder sind Anzeichen eines weiteren Weltkriegs bereits am Horizont erkennbar. Wenn ein Weltkrieg ausbricht, dann wird die westliche Welt ebenso zutiefst von dessen weitreichenden und verheerenden Konsequenzen betroffen sein. Lassen Sie uns selbst vor solch einer Zerstörung bewahren. Lassen Sie uns unsere zukünftigen Generationen vor den elenden und zerstörerischen Konsequenzen eines Kriegs bewahren. Offenkundig würde die entsetzlichste Art eines Krieges ein Atomkrieg sein und gewiss ist die Art und Weise, wie die Welt sich darauf zubewegt, ein tatsächliches Risiko, dass ein nuklearer Krieg ausbricht. Um vor solch einem schrecklichen Ausgang zu schützen, sollten wir uns Gerechtigkeit, Redlichkeit und Ehrlichkeit aneignen und miteinander vereinen, um solche Gruppen, die danach streben, Hass zu verbreiten und den Frieden der Welt zu zerstören, zu verdrängen und zu stoppen.

Es ist meine Hoffnung und mein Gebet, dass Gott, der Allmächtige, die großen Mächte dazu befähigt, ihre Verantwortungen und Aufgaben in dieser Hinsicht auf die gerechteste Weise zu erfüllen – Amin.

Bevor ich zum Ende komme, möchte ich Ihnen allen noch einmal dafür danken, dass Sie sich die Zeit genommen und die Mühe auf sich genommen haben, um heute anwesend zu sein. Möge Allah Sie alle segnen. Vielen Dank!"

Weltfrieden - Die dringende Erfordernis unserer Zeit

Neuseeland, Nationalparlament in Wellington, 2013

Vorwort

Das weltweite Oberhaupt der Ahmadiyya Muslim Gemeinde Hadhrat Mirza Masroor Ahmadaba, der fünfte Kalif des Verheißenen Messias, hielt am 4. November 2013 eine historische Ansprache im neuseeländischen Parlament in Wellington. Vor einem Publikum bestehend aus Parlamentariern, Staatsbotschaftern, Akademikern und einer Reihe weiterer Gäste, plädierte der Kalif des Verheißenen Messiasas für die dringende Erfordernis der Gerechtigkeit als Mittel zur Errichtung des Weltfriedens angesichts ansteigender Spannungen und Konflikte in den verschiedenen Regionen der Welt. Nach der Grundsatzrede richteten sich auch andere Würdenträger an das Publikum. Kanwaljit Singh Bakshi, MP (Mitglied des Parlaments), sagte: „Es ist ein Privileg, Seine Heiligkeit Mirza Masroor Ahmad hier im neuseeländischen Parlament zu begrüßen, seiner Weisheit zu lauschen und seine Überlegungen zu vernehmen." Dr. Rajen Prasad, MP, sagte: „Es ist eine Freude, Seine Heiligkeit im neuseeländischen Parlament willkommen zu heißen. Ich war immer tief beeindruckt davon, wie Ahmadis ihr Leben als Bürger dieser Nation gestalten und ihre Botschaft des Friedens in die Tat umsetzen." Nach der Veranstaltung traf Hadhrat Mirza Masroor Ahmadaba verschiedene Würdenträger, darunter auch die Botschafter von Iran und Israel. Seine Heiligkeit wurde daraufhin von Kanwaljit Singh Bakshi, MP, durch das Parlamentsgebäude geführt.

Weltfrieden - Eine dringende Erfordernis unserer Zeit

Im Namen Allahs, des Gnädigen und immer Barmherzigen

Sehr geehrte Gäste,
Assalam-o-Alaikum Wa Rahmatullahe Wa Barakatohu
Frieden und Segnungen Allahs seien mit Ihnen allen.

Als erstes möchte ich die Gelegenheit nutzen, all jenen zu danken, die diese Veranstaltung organisiert haben – im Besonderen das ehrenwerte Mitglied des Parlaments Kanwaljit Singh Bakshi – und mir die Möglichkeit eingeräumt haben, heute zu ihnen zu sprechen. Und als zweites möchte ich ihnen allen dafür danken, hier erschienen zu sein, um mir zuzuhören.
Natürlich treffen sich in diesem Parlamentsgebäude regelmäßig Politiker und Mitglieder des Parlaments, um Strategien und Pläne zu entwickeln und Gesetze zu beschließen, die zum Ziel haben, die Nation voranzubringen. Unabhängig davon bin ich mir sicher, dass schon viele säkulare oder weltliche Führer hierhergekommen sind, um auf der Grundlage ihres Wissens, ihrer Expertise oder Erfahrungen das Wort an Sie zu richten. Indes wird es selten, wenn überhaupt, der Fall gewesen sein, dass das Oberhaupt einer religiösen Gemeinde, und im Besonderen ein muslimisches Oberhaupt, zu ihnen spricht. Daher ist es ein Zeichen von hoher Toleranz und Offenheit, dass Sie mir, als Oberhaupt der weltweiten Ahmadiyya Muslim Gemeinde, einer

rein islamischen Organisation, dessen alleiniges Ziel das Verbreiten der wahren Lehre des Islam ist, die Gelegenheit einräumen, das Wort an Sie zu richten. Insofern obliegt es mir, ihnen für diese freundliche Geste zu danken.

Mit diesen Worten des Dankes möchte ich nun zum Hauptteil meiner Rede kommen und einige Dinge über die schönen Lehren des Islam sagen. Ich werde dabei über das Thema sprechen, das meines Erachtens ein dringendes Erfordernis unserer Zeit darstellt; und zwar die Etablierung des Weltfriedens. Von einem säkularen Standpunkt aus unternehmen viele von ihnen, und zwar sowohl als Politiker auf individueller Ebene als auch kollektiv als Regierung, Anstrengungen, um Frieden zu schaffen. Ihre Bemühungen mögen motiviert sein von guten Absichten und Sie werden einigen Erfolg darin erzielt haben. Darüber hinaus wird ihre Regierung über die Jahre hinweg den Großmächten Ratschläge dazu gegeben haben, wie eine friedliche und harmonische Welt errichtet werden könnte.

Kein Zweifel, der Zustand und die Umstände auf der Welt heute sind äußerst prekär und verursachen auf der ganzen Welt jede Menge Sorgen. Während einige der größten Konflikte heutzutage in der arabischen Welt stattfinden, so ist die Wahrheit doch, dass jede vernünftige und intelligente Person sich darüber im Klaren ist, dass Konflikte dieser Art sich nicht auf jene Region beschränken werden. Es besteht kein Zweifel darin, dass ein Konflikt zwischen der Regierung und ihrer Bevölkerung sich zu einem Konflikt viel größeren Ausmaßes entwickeln kann. Schon jetzt sehen wir, wie sich zwei Blöcke unter den Großmächten bilden. Ein Block unterstützt die syrische Regierung, während der andere die Rebellen unterstützt. Und es ist klar, dass diese Situation nicht nur eine ersthafte Gefahr für die muslimischen Länder bedeutet, sondern auch für die restliche Welt eine Quelle extremer Gefahr darstellt.

Wir sollten niemals die herzzerreißenden Erfahrungen der Weltkriege des letzten Jahrhunderts vergessen. Die von ihnen verursachte Verwüstung, vor allem im Zweiten Weltkrieg, war beispiellos. Allein durch den Gebrauch konventioneller Waffen wurden reich bevölkerte und blühende Ortschaften und Städte völlig zerstört. Sie wurden total zertrümmert und Millionen wurden getötet. Darüber hinaus wurde die Welt während des Zweiten Weltkriegs Zeuge eines wahrhaft zerstörerischen Ereignisses, als die Atombombe gegen Japan eingesetzt wurde, was zu Konsequenzen führte, deren Vernehmen allein zu einem Erschauern führt. Die Museen in Hiroshima und Nagasaki genügen als Erinnerungen an den Horror und die totale Vernichtung, die stattfand.

Während des Zweiten Weltkriegs wurden 70 Millionen Menschen getötet und es heißt, dass 40 Millionen davon Zivilisten waren. Folglich haben mehr Zivilisten ihr Leben gelassen als Soldaten. Darüber hinaus waren die Nachwirkungen des Krieges, wobei die Anzahl an Toten in der Nachkriegszeit, die auf den Krieg zurückzuführen sind, in die Millionen geht, wahrhaft furchteinflößend. Noch viele Jahre nach dem Einsatz der Atombombe hatte die Radioaktivität einen anhaltend degenerativen Effekt auf neugeborene Kinder. In der heutigen Welt befinden sich selbst kleinere Nationen im Besitz von nuklearen Waffen, während ihre Führer kriegslüstern sind. Es scheint, als kümmerten sie sich nicht um die Auswirkungen ihrer zerstörerischen Handlungen.

Vergegenwärtigen wir uns einen heute stattfindenden nuklearen Krieg, so wäre das sich abzeichnende Bild eines, das den Menschen zutiefst verängstigt und erschüttert hinterlässt. Die heutzutage von kleinen Nationen im Besitz befindlichen Atombomben sind wohl stärker als jene, die während des Zweiten Weltkrieges verwendet wurden. Insofern kann das Klima der Konfrontation und Instabili-

tät bei jenen, die Frieden in der Welt zu schaffen wünschen und sich auch dahingehend bemühen, nur zu großer Besorgnis führen.
Der erbärmliche Zustand der heutigen Welt ist derart, dass man einerseits davon spricht, Frieden zu schaffen, während man andererseits in egoistischen Bestrebungen verstrickt ist, ja, eingehüllt in einem Leichentuch aus Stolz und Arroganz. Um ihre Überlegenheit und Macht zu demonstrieren, ist jede mächtige Regierung dazu bereit, jeden nur erdenklichen Aufwand zu unternehmen. In dem Bemühen, einen langanhaltenden Frieden in der Welt zu schaffen und zukünftige Kriege zu vermeiden, haben sich nach dem Zweiten Weltkrieg Nationen zusammengeschlossen, um eine Organisation zu formieren, die sie die Vereinten Nationen genannt haben. Indes scheint es, dass genauso wie der Völkerbund kläglich darin versagte, seine Ziele zu erreichen, auch die Vereinten Nationen tagtäglich an Respekt und Status einbüßen. Wenn die Bedingungen für Frieden nicht erfüllt werden, dann spielt es keine Rolle, wie viele Organisationen gegründet werden, ihre Bemühungen werden sich als unergiebig erweisen.
Ich habe soeben das Scheitern des Völkerbunds erwähnt. Diese Organisation wurde nach dem Ersten Weltkrieg, mit dem alleinigen Zweck, den Weltfrieden zu sichern, gegründet; sie konnte jedoch nicht den Ausbruch des Zweiten Weltkriegs verhindern, der, wie ich bereits erwähnt habe, derartig viel Zerstörung und Verlust verursacht hat. Auch Neuseeland erlitt Verluste infolge des Krieges. Es heißt, dass es einen Verlust von ungefähr 11.000 Menschen zu ertragen hatte, wobei nahezu alle dem Militär entstammten. Da Neuseeland sich weit weg vom Epizentrum des Krieges befand, hatte es keine Zivilisten als Opfer zu beklagen. Wiewohl, wie ich bereits erwähnte, den gesamten Krieg berücksichtigend mehr unschuldige Zivilisten getötet wurden als Soldaten. Stellen Sie es sich nur einmal vor: gewöhnliche unschul-

dige Menschen, darunter zahllose Frauen und Kinder, wurden, ohne dass sie sich etwas zu Schulden haben kommen lassen, rücksichtslos getötet.
Dies ist auch der Grund dafür, dass Sie in jenen Ländern, die direkt im Krieg involviert waren, einen tief verwurzelten Hass gegen Kriege an sich vorfinden. Gewiss ist es einer Erfordernis der Liebe zum eigenen Land, bereit zu sein, jedes erdenkliche Opfer zur Verteidigung desselben zu erbringen und es zu befreien, wann immer es angegriffen wird. Gleichwohl sollte man unnötiges Töten und Morden vermeiden, wenn der Konflikt durch Diplomatie und Gespräche auf friedliche Art gelöst werden kann. Wenn in alten Zeiten Kriege ausgetragen wurden, gab es als Opfer mehrheitlich Soldaten und nur sehr wenige Zivilisten. Die modernen Kriegsmittel indes beinhalten Bombardierungen aus der Luft, Giftgas und selbst chemische Waffen. Und wie ich bereits sagte, ist auch der Gebrauch der furchterregendsten aller Waffen möglich – der Atombombe. Folglich unterscheiden sich die Kriege heutiger Zeit fundamental von denen der Vergangenheit, da die heutigen Kriege dazu in der Lage wären, die Menschheit von der Erdoberfläche zu tilgen. Lassen Sie mich an dieser Stelle eine schöne Lehre des Islam hinsichtlich der Schaffung von Frieden präsentieren. Der Heilige Koran sagt:

> „Gut und Böse sind nicht gleich. Wehre (das Böse) mit dem ab, was das Beste ist. Und siehe, wenn Feindschaft zwischen dir und einem anderen war, so wird der wie ein warmherziger Freund werden.“ (Sura 41, Vers 35)

Insofern lehrt der Koran, dass jegliche Art von Feindseligkeit oder Groll soweit es möglich ist durch Kommunikation und Dialog ausgesöhnt und gelöst werden soll. Mit Weisheit und Freundlichkeit zu jemanden zu sprechen, kann auf sein Herz sicherlich nur positive und gewinnbringende Resultate erzielen, und ist ein Mittel, um Hass und Groll zu vertreiben.

Ohne Zweifel glauben wir in dieser Ära von uns selbst, äußerst fortschrittlich und zivilisiert zu sein. Wir haben diverse internationale Hilfsorganisationen und Stiftungen gegründet, die Kinder mit Gesundheit und Bildung versorgen oder Mütter medizinisch unterstützen. Gleicherweise wurden zahllose andere Hilfsorganisationen alleine aus Menschenfreundlichkeit und Mitgefühl ins Leben gerufen. Wir, die wir all dies gemacht haben, sollten nachdenken und den Erfordernissen der Zeit unsere Aufmerksamkeit widmen, ja, wir sollten darüber nachsinnen, wie wir uns selbst und andere vor der Zerstörung und Verwüstung schützen können. Wir sollten uns in Erinnerung rufen, dass im Vergleich zu der Zeit vor sechs oder sieben Jahrzehnten die Welt viel näher zusammengerückt ist. Vor sechzig oder siebzig Jahren war Neuseeland ein weit entferntes Land, weit weg von Asien und Europa. Heute indes ist es ein integraler Bestandteil einer einzigen globalen Gemeinschaft. Daher werden im Fall eines Krieges kein Land und keine Region sicher sein.

Ihre Führer und Politiker sind die Beschützer der Nation. Sie sind verantwortlich für die Sicherheit des Landes, verantwortlich für stetigen Fortschritt und Besserung. Insofern ist es äußerst wichtig, dass sie sich jederzeit den kritischen Punkt vergegenwärtigen, dass von lokal begrenzten Kriegen aus Verwüstung und Zerstörung sich weithin verbreiten. Wir sollten Gott danken, dass Er kürzlich einigen der Großmächte Weisheit und Vernunft gewährte, so dass ihnen bewusst wurde, einschreiten zu müssen, um den Krieg zu beenden, ja, die totale Zerstörung zu verhindern, die eingetreten wäre. Am nachhaltigsten hat sich Russlands Präsident darum bemüht, einige der Großmächte von einem Angriff auf Syrien abzuhalten. Er stellte klar, dass jedes Land, egal ob klein oder groß, gleich behandelt werden sollte. Er sagte außerdem, dass die Vereinten Nationen das gleiche bedauernswerte Schicksal zu erleiden hätten wie der Völkerbund, wenn die Bedingungen für Gerechtigkeit nicht erfüllt werden und Nationen ohne Mandat in Kriege ziehen. Ich glaube, dass er in seiner Analyse vollkommen richtig lag. Wiewohl ich nicht alle seine politischen Entscheidungen unterstütze, so gilt es dennoch, ein weises Wort zu würdigen. Ich hätte mir lediglich gewünscht, er wäre einen Schritt weitergegangen und hätte gesagt, dass die von den fünf ständigen Mitgliedern des UN-Sicherheitsrats gehaltene Veto-Macht ein für alle Mal aufzuheben ist, so dass wahre Gerechtigkeit und Gleichheit unter allen Nationen Einzug halten kann.

Letztes Jahr wurde mir die Möglichkeit eingeräumt, im Kapitol in Washington DC eine Ansprache zu halten. Das Publikum umfasste zahlreiche Senatoren, Kongressangehörige, Mitglieder von Think-Tanks und vielen anderen gebildeten Personen aus den unterschiedlichsten Bereichen. Ich sagte ihnen in aller Klarheit, dass die Bedingungen für Gerechtigkeit erst dann erfüllt sind, wenn alle Parteien und Völker gleich behandelt werden. Ich sagte ihnen, dass die Rastlosigkeit und Unruhe sicherlich bestehen bleiben, wenn sie die Unterschiede zwischen den großen und kleinen Ländern und den reichen und den armen Nationen hervorheben wollen. Und gewiss haben diese Unruhen sich schon auf der Erde bemerkbar gemacht.

Insofern ist es meine Aufgabe als Oberhaupt der weltweiten Ahmadiyya Muslim Jamaat, die Aufmerksamkeit der Welt auf die Schaffung von Frieden lenken. Ich erachte dies als meine Verpflichtung, weil die genaue Bedeutung von Islam Frieden und Sicherheit ist. Wenn muslimische Länder hasserfüllte extremistische Taten ausführen oder unterstützen, dann sollte dies nicht zur Schlussfolgerung verleiten, dass die islamische Lehre Unordnung oder Unfrieden verbreite. Ich habe

soeben einen Vers des Heiligen Korans zitiert, in dem eine Lehre darüber, wie Frieden zu schaffen ist, enthalten ist.
Darüber hinaus hat der Begründer des Islam, der Heilige Prophet Muhammad[saw], seinen Anhängern gelehrt, immer ein „Salam" zu schenken, was bedeutet, jederzeit die Botschaft des Friedens zu verbreiten. Wir wissen von seinem gesegneten Beispiel, dass er Frieden für alle Nicht-Muslime erflehen würde, seien sie Juden, Christen oder die Angehörigen irgendeiner anderen Art von Glauben oder Überzeugung. Er tat dies, weil er verstand, dass alle Menschen ein Teil der Schöpfung Gottes darstellen, und weil einer der Namen Gottes „Quelle des Friedens" ist, weswegen Er Sich für die gesamte Menschheit Frieden und Sicherheit wünscht.
Ich habe einige der islamischen Lehren in Bezug auf den Frieden erwähnt, doch ich sollte klarstellen, dass aufgrund des Zeitmangels ich nur einige wenige Aspekte erwähnt habe. Die Wahrheit ist, dass der Islam angefüllt ist mit Anweisungen und Lehren, die Frieden und Sicherheit für alle Menschen verteidigen. Und was sagt der Koran hinsichtlich der Etablierung von Gerechtigkeit? In Kapitel 5, Vers 9 sagt Allah:

> „O die ihr glaubt! Seid standhaft in Allahs Sache, bezeugend in Gerechtigkeit! Und die Feindseligkeit eines Volkes soll euch nicht verleiten, anders denn gerecht zu handeln. Seid gerecht, das ist näher der Gottesfurcht. Und fürchtet Allah; wahrlich, Allah ist kundig eures Tuns."

In diesem Vers stellt der Koran in Kürze das höchstmögliche Niveau an Gerechtigkeit dar. Diese Anweisungen lassen keinen Raum für Personen, die sich selbst als Muslime bezeichnen, aber trotzdem Gräuel und Barbareien begehen. Noch lassen sie Raum für Kritik von jenen Menschen, die darüber nachdenken oder danach streben, den Islam als eine gewalttätige und extremistische Religion zu portraitieren. Der Koran hat darüber hinaus das beispielhafteste Niveau an Gerechtigkeit und Fairness niedergelegt. Er sagt nicht nur, man solle gerecht sein, sondern plädiert in Wirklichkeit zu einem solchen Ausmaße für Gleichheit, dass er sagt:

> „O die ihr glaubt, seid fest in Wahrung der Gerechtigkeit und Zeugen für Allah, mag es auch gegen euch selbst oder gegen Eltern und Verwandte sein. Ob Reicher oder Armer, Allah hat über beide mehr Rechte. Darum folget nicht niederen Begierden, damit ihr billig handeln könnt. Und wenn ihr (die Wahrheit) verhehlet oder (ihr) ausweichet, dann ist Allah wohl kundig eures Tuns." (Sura 4, Vers 136)

Dieserart sind die Grundsätze der Gerechtigkeit, die vom fundamentalsten Element der Gesellschaft bis hinauf zur Internationalen Arena Frieden auf der Welt schaffen. Die Geschichte legt Zeugnis darüber ab, dass der Gründer des Islam, der Heilige Prophet Muhammad[saw] nach diesen Lehren handelte und sie weithin verbreitete. In dieser Ära nun verbreitet und meistert der wahre Diener des Heiligen Propheten, der der Gründer der Ahmadiyya Muslim Jamaat ist, Hadhrat Mirza Ghulam Ahmad von Qadian[as], diese Lehre und beauftragte seine Anhänger dazu, diese auch zu verbreiten. Außerdem wies er seine Anhänger dazu an, das Augenmerk darauf zu lenken, die rechte sowohl Gottes als auch Seiner Schöpfung zu wahren. Dies ist der Grund dafür, dass die Ahmadiyya Gemeinde allen Völkern gegenüber die unbedingte Erfordernis der Erfüllung der Rechte Allahs und die Seiner Schöpfung sowie die Errichtung des höchsten Niveaus an Gerechtigkeit hervorhebt. Es ist mein Gebet, dass jeder Einzelne von

uns, unabhängig von Religion oder Glauben, darauf achtet, die seinen Mitmenschen gebührenden Rechte zu wahren, so dass die Welt zu einem Hafen des Friedens und der Harmonie werden kann.
Mit diesen wenigen Worten komme ich zum Schluss und danke ihnen noch einmal dafür, mich eingeladen zu haben und hierhergekommen zu sein, um mir zuzuhören.

Briefe an die Führer der Welt

Brief an Seine Heiligkeit Papst Benedikt den XIV

An Seine Heiligkeit Papst Benedikt den XIV

Ich bete dafür, dass der allmächtige Gott Sie mit Seiner Gnade und mit Seinem Segen bescheren möge.
Als Oberhaupt der weltweiten Ahmadiyya Muslim Gemeinde möchte ich Ihrer Heiligkeit hiermit die Botschaft des Koran überbringen. Allah sagt im Heiligen Koran:

> Sprich: „O Volk der Schrift, kommt herbei zu einem Wort, das gleich ist zwischen uns und euch: dass wir keinen anbeten denn Allah und dass wir Ihm keinen Partner zur Seite stellen und dass nicht die einen unter uns die anderen zu Herren nehmen statt Allah."

Der Islam ist heute im Fokus des Weltinteresses und sehr häufig das Ziel übler Verleumdungen. Jedoch handeln jene, die diese Vorwürfe erheben, ohne die wahren Lehren des Islam überhaupt studiert zu haben. Leider haben einige muslimische Gruppierungen den Islam für ihre eigenen Interessen in ein falsches Licht gerückt. Als Resultat dessen ist das Misstrauen der westlichen Länder und der Nicht-Muslime gegenüber der muslimischen Bevölkerung gestiegen, so dass sogar gelehrte Personen damit begonnen haben, haltlose Anschuldigungen gegenüber dem Heiligen Propheten Muhammad^{saw}, dem Begründer des Islam, zu erheben.
Das Ziel jeder Religion ist es immer gewesen, die Menschen Gott näher zu bringen und menschliche Werte zu etablieren. Niemals hat der Gründer einer Religion gelehrt, dass seine Anhänger andere ihrer Rechte berauben oder grausam handeln sollen. So dürfen die Handlungen einer fehlgeleiteten Minderheit unter den Muslimen nicht als

Vorwand benutzt werden, um den Heiligen Propheten[saw], der Gründer des Islam, anzugreifen. Der Islam lehrt uns, die Propheten aller Religionen zu ehren, und deshalb ist es für jeden Muslim verpflichtend, an alle Propheten, die in der Bibel oder im Heiligen Koran Erwähnung finden, einschließlich aller Propheten, die es vor der Zeit von Jesus[as] gegeben hat, sowie an Jesus[as] selbst zu glauben.

Wir sind demütige Diener des Heiligen Propheten Muhammad[saw], und folglich durch die Verleumdungen, die gegen unseren Heiligen Propheten[saw] gerichtet werden, zutiefst betrübt und verletzt. Und diese unsere Gefühle drücken wir aus, indem wir damit fortfahren, die edlen und noblen Eigenschaften unseres Propheten[saw] sowie die schöne Lehre des Islam der Welt mit noch mehr Nachdruck und häufiger denn je vorzustellen.

Wenn eine Person eine Lehre nicht richtig befolgt, während sie behauptet, nach ihr zu leben, so befindet sich diese Person im Irrtum, und nicht die Lehre. Die Bedeutung des Wortes „Islam" lautet Frieden, Liebe und Geborgenheit. Es ist ein deutliches Gebot des Koran, das besagt, dass es in Glaubensdingen keinen Zwang geben darf. Der Heilige Koran lehrt von Anfang bis Ende Liebe, Zuneigung, Frieden, Versöhnung und Opferbereitschaft. Der Heilige Koran lehrt immer wieder, dass jener Mensch, der sich keine Rechtschaffenheit aneignet, nicht die Nähe Allahs erreichen kann, so dass eine solche Person von der Lehre des Islam weit entfernt lebt. Wenn nun behauptet wird, dass der Islam eine radikale und gewalttätige Religion sei, angefüllt mit Lehren des Blutvergießens, dann hat so eine Darstellung nichts mit dem wahren Islam zu tun.

Die Ahmadiyya Muslim Gemeinde praktiziert ausschließlich den wahren Islam und arbeitet nur, um Gottes Zufriedenheit zu erlangen. Wenn eine Kirche oder ein anderes Gotteshaus Schutz bedürfte, so würden wir uns für ihren Schutz einsetzen. Wenn eine Botschaft aus

unserer Moschee hallt, dann nur die, dass Allah groß ist, dass wir bezeugen, dass niemand anbetungswürdig ist außer Ihm, und dass Muhammad[saw] der Gesandte Allahs ist.
Ein Faktor, der bei der Zerstörung des Weltfriedens eine enorme Rolle spielt, ist, dass manche Menschen in ihrer Gewissheit, dass sie ja sehr intelligent, gut gebildet und liberal seien, sich das Recht nehmen, die Religionsstifter zu verhöhnen und zu verspotten. Zur Etablierung des gesellschaftlichen Friedens ist es jedoch notwendig, dass jeder sein Herz von jeglichen Gefühlen der Feindseligkeit reinigt und das eigene Maß an Toleranz erhöht.
Es ist notwendig, dass jeder sich für den Schutz der Würde und der Ehre des Propheten des Andersgläubigen einsetzt. Die Welt ist heute von Unruhe und Unbehagen erfüllt, und das erfordert, dass wir eine Atmosphäre der Liebe und Zuneigung etablieren müssen. Dieses Unbehagen und die Angst müssen beseitigt werden, damit wir die Botschaft der Liebe und des Friedens in unserem Umfeld verbreiten. Und so lernen wir in noch größerer Harmonie zu leben, und dies noch besser als je zuvor. Erst auf diesem Weg lernen wir, menschliche Werte zu erkennen.
Heute sind an einigen Orten der Welt kleine Kriege ausgebrochen, während die Supermächte behaupten, dass sie an anderen Orten für die Etablierung des Friedens Anstrengungen unternehmen würden. Es ist jedoch kein Geheimnis mehr, dass es sich um scheinheilige Behauptungen handelt, weil die Menschheit getäuscht wird, um eigene Interessen und Vorhaben durchzusetzen.
Die entscheidende Frage lautet nun, ob unter solchen Umständen in der Welt der Frieden tatsächlich etabliert werden kann! Wenn wir den gegenwärtigen Zustand der Welt detailliert analysieren, so muss mit großem Bedauern festgestellt werden, dass das Fundament für einen neuen Weltkrieg schon gelegt worden ist.

Wenn man nach dem Zweiten Weltkrieg auf dem gerechten Weg wandelnd die Gerechtigkeit verankert hätte, dann müssten wir nun nicht zu Zeugen werden, die eine Welt sehen, die sich im Zustand des Krieges befindet. Als Konsequenz darauf, dass immer mehr Länder Nuklearwaffen besitzen, steigern sich Groll und Feindseligkeit und die Welt befindet sich am Abgrund der Zerstörung. Falls diese Massenvernichtungswaffen auf breiter Ebene eingesetzt werden sollten, so muss man damit rechnen, dass viele zukünftige Generationen mit körperlichen Behinderungen geboren werden. Und diese Generationen werden uns diese Verantwortungslosigkeit nie verzeihen. Es ist immer noch Zeit für die Welt, umzudenken, so dass sie ihre Aufmerksamkeit darauf lenkt, die Rechte ihres Schöpfers sowie die Rechte Seiner Geschöpfe zu erfüllen.

Ich glaube, dass es äußerst wichtig ist, anstatt sich rastlos auf den weiteren Fortschritt der Welt zu fokussieren, unsere Anstrengungen zur Errettung dieser Welt vor einem Untergang unverzüglich zu verstärken. Es ist zwingend notwendig, dass die Menschheit ihren Schöpfer erkennt, denn Er ist der einzige Garant für das Überleben der Menschheit; sonst bewegt sich die Welt rasant auf ihre Selbstzerstörung zu. Wenn heute der Mensch wahrhaftig bei der Etablierung des Friedens Erfolg haben möchte, dann muss er es aufgeben, nach den Fehlern der anderen zu suchen, und sich stattdessen darum bemühen, den inneren Satan bei sich selbst (den eigenen schlechten Trieb) zu bekämpfen. Man sollte seine üblen Eigenschaften beseitigen und mit höchstem Beispiel an Gerechtigkeit vorangehen. Ich habe die Welt wiederholt darauf aufmerksam gemacht, dass diese gegenseitigen exzessiven Feindschaften die menschlichen Werte zerstören, wodurch die Welt auf ihren Untergang zusteuert.

Da Sie in der Welt Einfluss haben, bitte ich Sie eindringlich darum, den Menschen zu übermitteln, dass sie rasant auf ihren Untergang zusteuern, indem sie den durch Gott gegründeten Weg zur Gerechtigkeit behindern. Und das ist die Botschaft, die sehr deutlich bekannt gemacht und verbreitet werden sollte, und zwar so, wie es noch nie zuvor geschehen ist. Es ist notwendig, dass alle Religionen in der Welt religiöse Harmonie untereinander fördern, und alle Völker der Erde den Geist der Liebe, Zuneigung und Brüderlichkeit untereinander schaffen.

Es ist mein Gebet, dass wir alle unsere Verantwortung annehmen und unseren Beitrag leisten, wenn es darum geht, in der Welt Frieden und Liebe zu etablieren und unseren Schöpfer zu erkennen. Wir für uns haben das Gebet, wir flehen unablässig Allah an, dass diese Zerstörung der Welt verhindert werden möge. Ich bete dafür, dass wir alle vor der Zerstörung, mit der wir uns konfrontiert sehen, beschützt werden.

Hochachtungsvoll,

Mirza Masroor Ahmad
Khalifatul Masih V,
Oberhaupt der weltweiten
Ahmadiyya Muslim Gemeinde

Brief an den Premierminister von Israel

26. Februar 2012

Seine Exzellenz
Herr Benjamin Netanjahu
Premierminister von Israel
Jerusalem

Sehr geehrter Herr Premierminister,

ich habe neulich ein Schreiben an Seine Exzellenz Simon Peres, Präsident von Israel, geschickt, in dem ich ihn auf den sich gefährlich zuspitzenden Zustand des Weltgeschehens aufmerksam machte. Mit Hinblick auf die rasante Änderung der Umstände, empfand ich es ebenfalls als höchstbedeutsam meine Botschaft auch an Sie, als Vorsitzenden der Regierung Ihres Landes, zu richten.
Die Geschichte Ihrer Nation ist eng verbunden mit dem Prophetentum und göttlicher Offenbarung. Tatsächlich haben die Propheten der Kinder Israels sehr klare Prophezeiungen über die Zukunft Ihrer Nation gemacht. Als Resultat ihrer Gehorsamsverweigerung gegenüber den Lehren der Propheten und ihrer Nachlässigkeit zu ihren Prophezeiungen, mussten die Kinder Israels Schwierigkeiten und Kummer erleiden. Hätten sich die Oberhäupter Ihrer Nation standhaft in Gehorsam zu den Propheten geübt, hätten sie sich vor dem Unglück und Missgeschick retten können. Demzufolge sind Sie, möglicherweise sogar mehr als andere auf der Welt, verpflichtet den Prophezeiungen und Aufforderungen der Propheten Gehör zu schenken.
Ich wende mich an Sie als Kalif jenes Verheißenen Messias und Imam Mahdis[as], der als Diener des Heiligen Propheten Muhammad[saw] entsandt wurde, welcher selbst wiederum als Gnade für die gesamte Menschheit kam, so wie einst Moses[as] für die Kinder Israels (Deuteronium, 18:18). Es ist daher meine Pflicht, Sie an die Nachricht Gottes zu

erinnern. Ich hoffe, dass Sie zu denen gezählt werden, bei denen der Ruf Gottes Gehör findet und die erfolgreich den richtigen Pfad finden, nämlich den Pfad im Einklang mit der Führung des Erhabenen Gottes, dem Herrn der Himmel und Erde.

Uns erreichen momentan Berichte aus den Nachrichten, denen zufolge Sie einen Angriff auf den Iran vorbereiten. Gleichzeitig liegen die schrecklichen Auswirkungen eines Weltkriegs vor Ihnen offen dar. Im letzten Weltkrieg, in dem Millionen andere Menschen den Tod fanden, wurde das Leben hunderttausender Juden ebenfalls augelöscht. Als Premierminister ist es Ihre Pflicht das Leben Ihrer Nation zu schützen. Die gegenwärtigen Umstände der Welt deuten auf einen Weltkrieg hin, der nicht zwischen zwei Nationen geführt werden wird, sondern die Bildung von Blocks hervorrufen wird. Die Bedrohung eines erneuten Ausbruchs eines Weltkriegs nimmt sehr ernsthafte Züge an. Das Leben von Muslimen, Christen und Juden ist in Lebensgefahr. Sollte ein Krieg solchen Ausmaßes entfachen, würde es eine Kettenreaktion der menschlichen Zerstörung auslösen. Die Nachwirkungen einer solchen Katastrophe werden sich bis in die künftigen Generationen auswirken, in dem sie entweder behindert oder verkrüppelt geboren werden. Dies wird geschehen, da zweifelsohne in diesem Krieg nukleare Waffen ihren Einsatz finden werden.

Es ist daher meine Bitte an Sie, anstatt die Welt in den Zustand eines Weltkriegs zu versetzen, die Welt mit maximalen Bemühungen vor einer globalen Katastrophe zu bewahren. Anstatt Konflikte mit Gewalt zu lösen, sollten Sie diese mittels Dialog lösen, damit wir unsere künftigen Generationen mit einer vielversprechenden Zukunft beschenken können, anstatt sie mit dem der Behinderung und Mängel zu bescheren.

Ich möchte meine Ansichten anhand der folgenden Passagen aus den Lehren Ihrer Nation erläutern. Das erste Zitat ist aus dem Zabur:

„[Von David.] Errege dich nicht über die Bösen, wegen der Übeltäter ereifere dich nicht! Denn sie verwelken schnell wie das Gras, wie grünes Kraut verdorren sie. Vertrau auf den Herrn und tu das Gute, bleib wohnen im Land und bewahre Treue! Freu dich innig am Herrn! Dann gibt er dir, was dein Herz begehrt. Befiehl dem Herrn deinen Weg und vertrau ihm; er wird es fügen. Er bringt deine Gerechtigkeit heraus wie das Licht und dein Recht so hell wie den Mittag. Sei still vor dem Herrn und harre auf ihn! Erhitze dich nicht über den Mann, dem alles gelingt, den Mann, der auf Ränke sinnt. Steh ab vom Zorn und lass den Grimm; erhitze dich nicht, es führt nur zu Bösem. Denn die Bösen werden ausgetilgt; die aber auf den Herrn hoffen, werden das Land besitzen. Eine Weile noch und der Frevler ist nicht mehr da; schaust du nach seiner Wohnung - sie ist nicht mehr zu finden. Doch die Armen werden das Land bekommen, sie werden Glück in Fülle genießen.“ *(Psalter, 37:1-11)*

Ähnlich findet sich in der Torah:

„Du sollst in deinem Beutel nicht zwei verschiedene Gewichte haben, ein größeres und ein kleineres. Du sollst in deinem Haus nicht zwei verschiedene Efa haben, ein größeres und ein kleineres. Volle und richtige Gewichte sollst du haben, volle und richtige Hohlmaße sollst du haben, damit du lange in dem Land lebst, das der Herr, dein Gott, dir gibt. Denn alle, die so etwas tun, alle Betrüger, sind dem Herrn ein Gräuel.“*(Deuteronium, 25:13-16)*

Die Staatsoberhäupter dieser Welt und insbesondere Sie sollten über den Gedanken vom Regieren durch Ausübung von Gewalt hinwegkommen und auf die Unterdrückung der Schwachen verzichten. Streben Sie die Verbreitung und Förderung von Gerechtigkeit und Frieden an. Denn dadurch werden Sie selbst in Frieden sein, Sie werden Stärke erlangen und Weltfrieden wird errichtet.

Ich bete, dass Sie und andere Staatsoberhäupter meine Nachricht verstehen, und der aus Ihrem Status erwachsenden Verantwortlichkeit gerecht werden.

Hochachtungsvoll,

Mirza Masroor Ahmad
Khalifatul Masih V
Oberhaupt der weltweiten
Ahmadiyya Muslim Gemeinde

Brief an den Präsidenten der Islamischen Republik Iran

07. März 2012

Präsident der Islamischen Republik Iran
Mahmoud Ahmadinejad
Teheran

Sehr geehrter Herr Präsident,

Assalamo Alaikum Wa Rahmatullahe Wa Barakatohu

in Hinblick auf den sich gefährlich zuspitzenden Zustand des Weltgeschehens, empfand ich es als höchstbedeutsam, an Sie zu schreiben, da Sie der Präsident des Iran sind, und somit die Autorität besitzen, Entscheidungen zu treffen, welche die Zukunft Ihrer Nation und der Welt im weiteren Sinne beeinflussen. Die Welt befindet sich momentan in einem Zustand von großer Aufruhr und Rastlosigkeit. In einigen Regionen haben sich Kriege auf regionaler Ebene entfacht, während in anderen Teilen der Erde die Großmächte unter dem Vorwand der Friedensförderung tätig sind. Jedes Land ist in Aktivitäten verwickelt, die entweder andere Länder stützen oder schwächen, ohne jedoch dabei den Anforderungen der Gerechtigkeit Genüge zu leisten. Nur mit großem Bedauern kann beim Beobachten der aktuellen Geschehnisse auf der Welt festgestellt werden, dass das Fundament für einen erneuten Weltkrieg bereits gelegt ist. Aufgrund der Tatsache, dass so viele Länder, groß und klein, im Besitz von nuklearen Waffen sind, nehmen Missgunst und Feindschaften zu. In einer solch misslichen Lage steht der Ausbruch eines Dritten Weltkrieges nahezu sicher vor uns. Wie es Ihnen sicherlich bewusst ist, wird die Verfügbarkeit von nuklearen Waffen bedeuten, dass der Dritte Weltkrieg ein Nuklearkrieg sein wird. Das ultimative Resultat wird von katastrophalem Ausmaß sein, welches durch die eingesetzten Waffen langfristig zu körperlichen Behinderungen und Deformationen der zukünftigen Generationen führen kann. Es ist meine Überzeugung, dass wir als Gefolgschaft des Heiligen Propheten Muhammad[saw], welcher zur Etablierung von Frieden auf der Welt gesandt wurde, und welcher *Rahmatullil Aalameen* – die Gnade für die gesamte Menschheit war –, wir nicht ein solches Schicksal für die Welt wünschen können und wollen. Aus diesem Grund trete ich mit der Bitte an Sie, dass der Iran, welcher ebenfalls ein einflussreiches Land auf der Welt ist, seinen Teil dazu beiträgt, einen Dritten Weltkrieg unbedingt zu verhindern. Es ist unbestreitbar, dass die einflussreichsten Supermächte in ihrem Tun eine Doppelmoral an den Tag legen. Ihre Ungerechtigkeit hat Rastlosigkeit und Unordnung auf der ganzen Welt verbreitet. Dessen ungeachtet dürfen wir nicht über die Tatsache hinwegschauen, dass einige muslimische Gruppierungen sich unangebracht und den wahren Lehren des Islam zuwider verhalten. Die Supermächte haben dies als Vorwand genutzt, um ihre eigennützigen Interessen durchzusetzen und verschiedene arme muslimische Länder auszunutzen. Folglich bitte ich Sie nochmals, Ihre größten Bemühungen und Kräfte zur Bewahrung der Welt vor einem Dritten Weltkrieg zu fokussieren. Der Heilige Koran lehrt den Muslimen, dass die Feindschaft gegen eine andere Nation die Muslime nicht daran hindern darf, in einer gerechten Art und Weise mit ihnen umzugehen. In der Sure Al Mai'dah ermahnt Allah der Erhabene:

> „[…] Es soll euch die Feindseligkeit eines Volkes, so es euch an der Heiligen Moschee hinderte, nicht zur Übertretung verführen. Und helfet einander in Rechtschaffenheit und Frömmigkeit; doch helfet einander nicht in Sünde und Übertretung. Und fürchtet Allah, denn Allah ist streng im Strafen." *(Sure 5, Vers 3)*

Analog dazu lässt sich in der gleichen Sure des Heiligen Koran das folgende Gebot an die Muslime finden:

> „O die ihr glaubt! Seid standhaft in Allahs Sache, bezeugend in Gerechtigkeit! Und die Feindseligkeit eines Volkes soll euch nicht verleiten, anders denn gerecht zu handeln. Seid gerecht, das ist näher der Gottesfurcht. Und fürchtet Allah; wahrlich, Allah ist kundig eures Tuns.“ *(Sure 5, Vers 9)*

Daraus folgernd dürfen Sie nicht andere Nationen aus bloßer Feindschaft und Hass bekämpfen. Zugegebenermaßen überschreitet Israel seine Grenzen und hat seinen Blick auf den Iran gerichtet. In der Tat, wenn ein Land sich gegen ihr Land auflehnt, haben sie das Recht auf Selbstverteidigung. Jedoch müssen Konflikte aufs Äußerste mit Diplomatie und Verhandlungsgeschick gelöst werden. Meine demütige Bitte an Sie ist, den Dialog zur Lösung von Konflikten vorzuziehen, anstatt mit physischer Gewalt vorzugehen.
Der Grund weshalb ich diese Bitte an Sie richte, ist, weil ich der Nachfolger der auserwählten Person Gottes bin, der in dieser Ära als der wahre Diener des Heiligen Propheten Muhammad[saw] kam, und den Anspruch des Verheißenen Messias und Imam Mahdi zu sein erhob. Seine Mission war es die Menschheit wieder näher zu Gott zu bewegen und die Rechte der Menschen in der Art und Weise zu etablieren, wie es unser Meister und Wegweiser, *Rahmatullil Aalameen* – die Barmherzigkeit für die Menschheit – der Heilige Prophet[saw] uns lehrte.
Möge Allah der Erhabene die muslimische Ummah dazu befähigen diese wunderbare Lehre zu verinnerlichen.

Wassalam,
Hochachtungsvoll,

Mirza Masroor Ahmad
Khalifatul Masih V
Oberhaupt der weltweiten Ahmadiyya Muslim Gemeinde

Brief an den Präsidenten der Vereinigten Staaten von Amerika

08. März 2012

Präsident Barack Obama
Präsident der Vereinigten Staaten von Amerika
The White House
1600 Pennsylvania Avenue NW
Washington D.C.

Sehr geehrter Herr Präsident,

in Hinblick auf den sich besorgniserregend entwickelnden Zustand des Weltgeschehens, vernahm ich die Notwendigkeit an Sie zu schreiben, da Sie als Präsident der Vereinigten Staaten von Amerika, einem Land, das eine Weltmacht darstellt, die Autorität besitzen, Entscheidungen zu treffen, die nicht nur die Zukunft Ihrer Nation, sondern auch die Zukunft der gesamten Welt beeinflussen können.
Die Welt befindet sich momentan in großer Unruhe und Rastlosigkeit. Regionale Kriege sind in bestimmten Teilen der Erde ausgebrochen. Leider waren die Weltmächte nicht in dem Maße erfolgreich, wie von ihnen erwartet wurde, um in diesen Konfliktregionen Frieden herbeizuführen. Jedes Land ist in Aktivitäten verwickelt, die entweder andere Länder stützen oder schwächen, ohne jedoch dabei den Anforderungen der Gerechtigkeit Genüge zu leisten. Nur mit großem Bedauern kann beim Beobachten der aktuellen Weltgeschehnisse festgestellt werden, dass das Fundament für einen erneuten Weltkrieg bereits gelegt ist. Aufgrund der Tatsache, dass so viele Länder, groß und klein, im Besitz von nuklearen Waffen sind, nehmen Missgunst und Feindschaften zwischen ihnen zu. In einer solchen Zwangslage, steht der Ausbruch eines Dritten Weltkrieges nahezu sicher vor uns. Dieser Weltkrieg würde sicherlich den Einsatz von Nuklearwaffen hervorrufen und wir werden Zeugen der Bewegung hin zu einer schreck-

lichen Zerstörung. Wäre der Pfad der Gleichheit und Gerechtigkeit nach dem Zweiten Weltkrieg eingeleitet worden, würden wir nicht den heutigen Zustand der Welt beobachten müssen, welcher den Frieden in den Flammen der Kriege verschlingt.
Wie allseits bekannt ist, waren die Hauptgründe die zum Zweiten Weltkrieg führten, das Versagen des Völkerbundes und die Weltwirtschaftskrise, welche 1932 ihren Lauf nahm. Führende Wirtschaftswissenschaftler sehen heute zahlreiche Parallelen zwischen der kontemporären Weltwirtschaftskrise und jener von 1932. Wir beobachten, wie Kriege zwischen kleineren Nationen aufgrund politischer und wirtschaftlicher Streitigkeiten entfachen und innere Uneinigkeit und Unzufriedenheit in den Ländern überhandnehmen. Dies wird schließlich zu Kräften führen, die zum Regierungsapparat aufstreben, die uns letztendlich zum Weltkrieg führen werden. Sollten in den kleineren Ländern die Konflikte nicht durch Politik und Diplomatie gelöst werden können, werden neue Blocks und Lager auf der politischen Weltkarte entstehen. Dies wird letztendlich der Wegbereiter für den Ausbruch eines Dritten Weltkriegs werden. Infolgedessen bin ich davon überzeugt, dass es weitaus wichtiger und essentiell ist, unsere Bemühungen dringend zu intensivieren, die Welt vor einer Zerstörung zu retten, anstatt unseren Fokus auf den Fortschritt der Welt zu legen. Es besteht ein dringendes Bedürfnis, dass die Menschheit den Einen Gott, unseren Schöpfer, erkennt, denn dies ist der einzige Garant für das Überleben der Menschheit. Andernfalls nähert sich die Welt weiterhin mit großen Schritten der Selbstzerstörung.
Meine Bitte an Sie, und tatsächlich an alle anderen Staatsoberhäupter, ist, dass Sie anstatt physischer Gewalt, die zur Unterdrückung anderer Nationen genutzt wird, sich der Diplomatie, Dialog und Weisheit bedienen. Die Supermächte der Welt, wie zum Beispiel die Vereinigten Staaten, sollten ihre Rolle zur Etablierung von Weltfrieden gerecht

werden. Sie sollten nicht die Taten kleinerer Länder als Vorwand nehmen, um die weltweite Harmonie zu stören. In der heutigen Zeit werden Nuklearwaffen nicht nur von den Vereinigten Staaten und anderen Großmächten besessen, sondern viele kleinere Staaten besitzen Massenvernichtungswaffen, deren Führer oft kriegslüsterner sind und unbedacht und ohne Abwägung handeln. Daher ist meine demütige Bitte an Sie, Ihr äußerst Mögliches zu tun, um sowohl die Großmächte als auch die kleineren Länder davon abzuhalten, einen Dritten Weltkrieg anzufachen. Es sollte uns zweifelsohne klar sein, dass bei unserem Misslingen die Konsequenzen und Nachwirkungen eines solchen Krieges nicht nur die armen Länder Asiens, Europas und der amerikanischen Kontinente treffen würden, sondern kommende Generationen die schrecklichen Konsequenzen unseres Handelns zu tragen hätten, indem Kinder überall auf der Welt mit Behinderungen und Deformationen zur Welt kämen. Sie werden niemals ihren vorangegangenen Generationen für ihre Fehler vergeben, die eine Katastrophe dieses globalen Ausmaßes errichtet haben werden.
Anstelle der Besorgnis um eigennützige Interessen, sollten wir an unseren kommenden Generationen denkend ihnen eine vielversprechende Zukunft ermöglichen.
Möge Gott der Erhabene Sie und alle anderen Staatsoberhäupter dazu befähigen, diese Nachricht zu begreifen.

Hochachtungsvoll,

Mirza Masroor Ahmad
Khalifatul Masih V
Oberhaupt der weltweiten Ahmadiyya Muslim Gemeinde

Brief an den Premierminister von Kanada

08. März 2012

Mr. Stephen Harper
Premierminister von Kanada
Ottawa, Ontario

Sehr geehrter Herr Premierminister,

in Hinblick auf den sich besorgniserregend entwickelnden Zustand des Weltgeschehens, vernahm ich die Notwendigkeit, an Sie zu schreiben, da Sie der Premierminister von Kanada sind und daher die Autorität besitzen, Entscheidungen zu treffen, die nicht nur die Zukunft Ihrer Nation, sondern auch die Zukunft der gesamten Welt beeinflussen können.
Die Welt befindet sich momentan in großer Unruhe und Rastlosigkeit. Regionale Kriege sind in bestimmten Teilen der Erde ausgebrochen. Leider waren die Weltmächte nicht in dem Maße erfolgreich, wie von ihnen erwartet wurde, um in diesen Konfliktregionen Frieden herbeizuführen. Jedes Land ist in Aktivitäten verwickelt, die entweder andere Länder stützen oder schwächen, ohne jedoch dabei den Anforderungen der Gerechtigkeit Genüge zu leisten. Nur mit großem Bedauern kann beim Beobachten der aktuellen Weltgeschehnisse festgestellt werden, dass das Fundament für einen erneuten Weltkrieg bereits gelegt ist. Aufgrund der Tatsache, dass so viele Länder, groß und klein, im Besitz von nuklearen Waffen sind, nehmen Missgunst und Feindschaften zwischen ihnen zu. In einer solchen Zwangslage, steht der Ausbruch eines Dritten Weltkrieges nahezu sicher vor uns. Dieser Weltkrieg würde sicherlich den Einsatz von Nuklearwaffen hervorrufen und wir werden Zeugen der Bewegung hin zu einer schrecklichen Zerstörung. Wäre der Pfad der Gleichheit und Gerechtigkeit nach dem Zweiten Weltkrieg eingeleitet worden, würden wir nicht den heutigen Zustand der Welt beobachten müssen, welcher den Frie-

den in den Flammen der Kriege verschlingt.
Wie allseits bekannt ist, waren die Hauptgründe die zum Zweiten Weltkrieg führten, das Versagen des Völkerbundes und die Weltwirtschaftskrise, welche 1932 ihren Lauf nahm. Führende Wirtschaftswissenschaftler sehen heute zahlreiche Parallelen zwischen der kontemporären Weltwirtschaftskrise und jener von 1932. Wir beobachten wie Kriege zwischen kleineren Nationen aufgrund politischer und wirtschaftlicher Streitigkeiten entfachen und innere Uneinigkeit und Unzufriedenheit in den Ländern überhand nehmen. Dies wird schließlich zu Kräften führen, die zum Regierungsapparat aufstreben, die uns letztendlich zum Weltkrieg führen werden. Sollten in den kleineren Ländern die Konflikte nicht durch Politik und Diplomatie gelöst werden können, werden neue Blocks und Lager auf der politischen Weltkarte entstehen. Dies wird letztendlich der Wegbereiter für den Ausbruch eines Dritten Weltkriegs werden. Infolgedessen bin ich davon überzeugt, dass es weitaus wichtiger, ja essentiell ist, unsere Bemühungen dringend zu intensivieren, die Welt vor einer Zerstörung zu retten, anstatt unseren Fokus auf den Fortschritt der Welt zu richten. Es besteht ein dringendes Bedürfnis, dass die Menschheit den Einen Gott, unseren Schöpfer, erkennt, denn dies ist der einzige Garant für das Überleben der Menschheit. Andernfalls nähert sich die Welt weiterhin mit großen Schritten der Selbstzerstörung.
Kanada wird weithin als eines der gerechtesten Länder in der Welt betrachtet. Ihr Land mischt sich normalerweise nicht in die internen Angelegenheiten anderer Länder ein. Ferner pflegen wir, die Ahmadiyya Muslim Gemeinschaft, besondere Freundschaftsbande mit dem kanadischen Volk. Daher bitte ich Sie darum, sich aufs Äußerste darum zu bemühen, die großen und kleinen Mächte daran zu hindern, uns in einen vernichtenden Dritten Weltkrieg zu führen.
Meine Bitte an Sie, und tatsächlich an alle anderen Staatsoberhäupter

ist, dass Sie anstatt von physischer Gewalt, die zur Unterdrückung anderer Nationen genutzt wird, sich der Diplomatie, Dialog und Weisheit bedienen. Die Großmächte der Welt, wie zum Beispiel Kanada, sollten ihre Rolle zur Etablierung des Weltfriedens gerecht werden. Sie sollten nicht die Taten kleinerer Länder als Vorwand nehmen, um die weltweite Harmonie zu stören. In der heutigen Zeit werden Nuklearwaffen nicht nur von den Großmächten besessen, sondern viele kleinere Staaten besitzen Massenvernichtungswaffen, deren Führer oft kriegslüstern sind und unbedacht und ohne Abwägung handeln. Daher ist meine demütige Bitte an Sie, all Ihre Energie und Bemühungen dafür einzusetzen, den Ausbruch eines Dritten Weltkrieges zu verhindern. Es sollte uns zweifelsohne klar sein, dass falls wir in dieser Aufgabe versagen, die Konsequenzen und Nachwirkungen eines solchen Krieges nicht nur die armen Länder Asiens, Europas und der amerikanischen Kontinente treffen würden, sondern kommende Generationen die schrecklichen Konsequenzen unseres Handelns zu tragen hätten, indem Kinder überall auf der Welt mit Behinderungen und Deformationen zur Welt kämen. Sie werden niemals ihren vorangegangenen Generationen für ihre Fehler vergeben, die eine Katastrophe dieses globalen Ausmaßes verrichtet haben werden.
Anstelle der Besorgnis um eigennützige Interessen, sollten wir an unseren kommenden Generationen denkend ihnen eine vielversprechende Zukunft aufbauen. Möge Gott der Erhabene Sie und alle anderen Staatsoberhäupter dazu befähigen, diese Nachricht zu begreifen.

Hochachtungsvoll,

Mirza Masroor Ahmad
Khalifatul Masih V
Oberhaupt der weltweiten Ahmadiyya Muslim Gemeinde

Brief an den Hüter der Zwei Heiligen Stätten, König des Königreichs Saudi Arabien

28. März 2012

Hüter der Heiligen Stätten,
König des Königreichs Saudi Arabien
Abdullah bin Abdul-Aziz Al Saud
Riad, Saudi Arabien

Verehrter König Abdullah,

Assalamo aleikum wa rahmatullahi wa barakatohu

Heute schreibe ich Ihnen mit der Absicht, eine sehr wichtige Angelegenheit anzusprechen, denn als Hüter der zwei Heiligen Stätten und König von Saudi Arabien haben Sie eine sehr hohe Position in der muslimischen Gemeinschaft inne. Denn in Ihrem Land befinden sich die zwei heiligsten Stätten des Islam – *Makkah Al Mukarramah* und *Madina Al Munawwarah* – die zu lieben ein Teil des Glaubens der Muslime ist. Diese Stätten sind auch Zentrum des spirituellen Fortschritts für die Muslime und werden von ihnen sehr geehrt. In diesem Lichte verleihen alle Muslime und muslimischen Regierungen Ihnen einen besonderen Status. Dieser Status fordert einerseits, dass Sie die muslimische Gemeinschaft richtig leiten, und andererseits, dass Sie danach streben, eine friedliche und harmonische Atmosphäre in den muslimischen Ländern zu schaffen. Sie sollten sich auch darum bemühen, gegenseitige Liebe und Mitgefühl unter den Muslimen zu entwickeln und sie aufzuklären bezüglich der Essenz von:

رُحَمَآءُ بَيْنَهُمْ

Letztendlich sollten Sie danach streben, in der gesamten Welt Frieden zu schaffen zum Wohle der gesamten Menschheit. Als Oberhaupt der Ahmadiyya Muslim Jamaat und Nachfolger des Verheißenen Messias und Imam Mahdi[as] ist es meine Bitte, dass ungeachtet bestimmter lehrmäßiger Unterschiede, die zwischen der Ahmadiyya Muslim Jamaat und anderen Strömungen des Islam existieren, wir dennoch vereint sein sollten in der Bemühung, den Weltfrieden zu etablieren. Wir sollten unser bestmöglichstes tun, die Welt über die wahren Lehren des Islam aufzuklären, die auf Liebe und Frieden basieren. Derart können wir die allgemeinen Missverständnisse, die unter den Leuten im Westen und in der Welt über den Islam herrschen, ausräumen. Feindschaft zu anderen Nationen oder Gruppierungen sollte uns nicht daran hindern, gerecht zu handeln. Allah, der Allmächtige, sagt in Vers 3 der Sura Al Maidah des Heiligen Koran:

وَلَا يَجْرِمَنَّكُمْ شَنَآنُ قَوْمٍ أَنْ صَدُّوكُمْ عَنِ الْمَسْجِدِ الْحَرَامِ أَنْ تَعْتَدُوا ۘ وَتَعَاوَنُوا عَلَى
الْبِرِّ وَالتَّقْوَىٰ ۖ وَلَا تَعَاوَنُوا عَلَى الْإِثْمِ وَالْعُدْوَانِ ۚ وَاتَّقُوا اللَّهَ ۖ إِنَّ اللَّهَ شَدِيدُ الْعِقَابِ.

> „Es soll euch die Feindseligkeit eines Volkes, so es euch an der Heiligen Moschee hinderte, nicht zur Übertretung verführen. Und helfet einander in Rechtschaffenheit und Frömmigkeit; doch helfet einander nicht in Sünde und Übertretung. Und fürchtet Allah, denn Allah ist streng im Strafen."

Dies ist das leitende Prinzip, das wir im Auge behalten sollten, so dass wir unsere Pflicht, der Welt das wunderschöne Gesicht des Islam zu zeigen, erfüllen können. Mit Gefühlen inniger Liebe und aus tiefem Mitgefühl für die Muslime weltweit bitte ich Sie, in dieser Hinsicht Ihren Anteil beizutragen.

Wir sehen, dass in der Welt heutzutage manche Politiker und sogenannte Gelehrte Samen des Hasses gegen den Islam säen im Bemühen darin, den Heiligen Propheten[saw] zu diffamieren. Sie versuchen, völlig verdrehte Interpretationen der Lehren des Heiligen Korans zu präsentieren, um ihre Ziele zu erreichen. Ferner verschlechtert sich der Konflikt zwischen Palästina und Israel von Tag zu Tag, und die Feindseligkeiten zwischen Israel und Iran haben sich in dem Maße erhöht, dass ihre Beziehung ernsthaft zu Bruch gegangen ist. Solche Umstände fordern, dass Sie als ein enorm wichtiger Führer innerhalb der muslimischen Gemeinschaft jegliche Bemühung unternehmen sollten, diese Konflikte mit Gerechtigkeit und Gleichheit zu lösen. Die Ahmadiyya Muslim Jamaat tut alles, was ihr möglich ist, den Hass gegen den Islam abzubauen, wo und wann immer er auftaucht. Solange nicht die muslimische Gemeinschaft sich als Eins vereinigt und dahingehend Bemühungen unternimmt, kann niemals Frieden etabliert werden.

Daher ist meine Bitte an Sie, in dieser Hinsicht Ihr bestmöglichstes zu tun. Falls der Dritte Weltkrieg tatsächlich einzutreten vorhergesehen ist, sollten wir zumindest danach streben, sicherzustellen, dass er von keinem muslimischen Land aus entsteht. Kein muslimisches Land oder irgendein einzelner Muslim irgendwo in der Welt, heute oder in Zukunft, wird die Schuld tragen wollen, der Funke einer globalen Katastrophe zu sein, deren Langzeitauswirkungen dazu führen werden, dass nachkommende Generationen mit Behinderungen und Deformationen geboren werden, denn wenn jetzt ein Weltkrieg ausbricht, wird er sicherlich mit nuklearen Waffen ausgetragen werden. Wir haben schon einen flüchtigen Eindruck der völligen Verwüstung durch atomare Kriegsführung erfahren, als Nuklearbomben im Zweiten Weltkrieg über zwei japanische Städte abgeworfen wurden.

Daher, O König von Saudi Arabien! Wenden Sie all Ihre Energie und all Ihren Einfluss auf, die Welt vor der Vernichtung zu bewahren! Möge Allah, der Allmächtige, Ihnen Seine Hilfe und Unterstützung gewähren, Amin. Mit dem Gebet für Sie und die gesamte muslimische Ummah:

اِهۡدِنَا الصِّرَاطَ الۡمُسۡتَقِيۡمَ.

„Führe uns auf den geraden Weg." *(1:6)*

Wassalam,

Hochachtungsvoll,

Mirza Masroor Ahmad

Khalifatul Masih V.
Oberhaupt der weltweiten Ahmadiyya Muslim Gemeinschaft

Brief an den Premier des Staatsrates der Volksrepublik China

09. April 2012

Seine Exzellenz,
Premier des Staatsrates der Volksrepublik China
Herr Wen Jiabao
Zhongnanhai, China

Sehr geehrter Premier,

ich sende Ihnen diesen Brief anhand eines Repräsentanten der Ahmadiyya Muslim Gemeinschaft. Er ist der Präsident unserer Gemeinschaft in Kababir, Israel und wurde eingeladen vom Minister für Minderheiten in China. Unser Repräsentant wurde chinesischen Offiziellen vorgestellt während des Besuches einer Delegation aus China, der auch der Stellvertretende Minister für Minderheiten angehörte, in unserem Missionshaus in Kababir.

Die Ahmadiyya Muslim Gemeinschaft ist jene Gruppierung im Islam, die fest daran glaubt, dass der Messias und Reformer, der vorherbestimmt war in diesem Zeitalter zu erscheinen als der Mahdi zur Rechtleitung der Muslime, der Messias zur Führung der Christen und als ein Führer zur Reformierung der gesamten Menschheit, tatsächlich erschienen ist in Übereinstimmung mit den Prophezeiungen des Heiligen Propheten Muhammad[saw], und daher haben wir ihn angenommen. Sein Name war Hadhrat Mirza Ghulam Ahmad[as] aus Qadian, Indien. Gemäß dem Gebot Gottes, des Allmächtigen, gründete er die Ahmadiyya Muslim Gemeinschaft im Jahr 1889. Als er 1908 verstarb hatten Hunderte und Tausende von Menschen sich dieser Gemeinschaft angeschlossen. Nach seinem Ableben wurde die Institution des Kalifentums etabliert. Zurzeit befinden wir uns in der Ära des fünften Kalifentums, und ich bin der Fünfte Kalif des Verheißenen Messias[as].

Ein enorm wichtiger und fundamentaler Aspekt unserer Lehren ist, dass in dieser Ära religiöse Kriege enden sollten. Ferner glauben wir, dass jeder, der wünscht, irgendeine Lehre zu vermitteln oder zu verbreiten, dies nur in einer Stimmung und Atmosphäre der Liebe, des Mitgefühls und der Brüderlichkeit tun sollte, so dass er zum Quell der Etablierung von Frieden, Versöhnung und Harmonie werden kann. Dieser wichtige Aspekt, der auf den wahren Lehren des Islam beruht, wird von der Ahmadiyya Muslim Gemeinschaft in der ganzen Welt gefördert und kundgemacht. Die Gemeinschaft ist nun in über 200 Ländern verbreitet und besteht aus Millionen von Anhängern.

Ich möchte Ihnen folgende Botschaft übermitteln: Die Welt befindet sich momentan in großer Unruhe und Rastlosigkeit. In der Tat scheint es so, als ob wir uns mit großer Geschwindigkeit hin zu einem Weltkrieg bewegen. Sie sind der Führer einer Supermacht. Mehr noch, ein enorm großer Teil der Weltbevölkerung lebt unter Ihrer Herrschaft. Sie besitzen auch bei Bedarf das Vetorecht in den Vereinten Nationen. Daher, in diesem Zusammenhang, ist es meine Bitte an Sie, Ihren Anteil dazu beizutragen, die Welt vor der Zerstötung zu bewahren, die sich vor uns bedrohlich abzeichnet. Ungeachtet von Nationalität, Religion, Gesellschaftsklasse oder Überzeugung sollten wir uns aufs äußerste darum bemühen, die Menschheit zu retten.

Nachdem in China die Revolution stattfand, gab es großen Fortschritt und Wandel. Der ehrenwerte Mao Tse Tung, der ein großartiger Führer Ihrer Nation war, etablierte das Fundament für hohe moralische Werte, welches in anderen Worten auch als der exzellenteste Standard menschlicher Werte beschrieben werden kann. Obwohl Sie nicht an die Existenz Gottes glauben und Ihre Prinzipien auf Moral beruhen, möchte ich deutlich machen, dass unser Gott, Der jener Gott ist, wie der Islam Ihn schildert, den Koran als Rechtleitung für die gesamte Menschheit offenbarte, und der Koran predigt all jene Moraleigenschaften, die Sie befolgen, aber er beinhaltet auch weitergehende moralische Rechtleitung. Er enthält wunderschöne Lehren, die die Mittel zum Unterhalt der Menschheit darlegen und menschliche Werte etablieren. Wenn die Welt – insbesondere die muslimische Welt – sich diese koranischen Lehren aneignet, werden alle Probleme und Konflikte gelöst sein, und es wird eine Atmosphäre des Friedens und der Harmonie gefördert werden.

Heute bemüht sich die Ahmadiyya Muslim Gemeinschaft darum, eben dieses Ziel und diesen Zweck in jedem Teil der Welt voranzutreiben. Durch unsere Friedenskonferenzen und in zahlreichen Begegnungen, die ich mit verschiedenen Kategorien von Menschen und Gruppen aller Gesellschaftsschichten hatte, erinnere ich die Welt an dieses wesentliche Ziel. Ich bete, dass die Führer in der Welt mit Weisheit handeln und nicht zulassen, dass die gegenseitigen Feindschaften zwischen Nationen und Völkern auf kleiner Ebene in einen globalen Konflikt ausarten. Es ist auch meine Bitte an Sie, als eine große Supermacht in der Welt, Ihren Anteil dazu beizutragen, den Weltfrieden zu etablieren. Retten Sie die Welt vor den fürchterlichen Konsequenzen eines Weltkrieges, denn falls ein solcher Krieg ausbricht, wird er mit dem Gebrauch atomarer Waffen enden. Es ist durchaus möglich, dass als Resultat Teile bestimmter Länder oder Gebiete in der Welt von der Erdoberfläche ausgelöscht werden. Die Auswirkungen und Folgen eines Atomkrieges werden nicht lediglich auf die unmittelbare Zerstörung begrenzt sein, sondern die Langzeitwirkungen werden dazu führen, dass zukünftige Generationen behindert oder mit Defekten geboren werden. Daher, wenden Sie all Ihre Energie, Fähigkeiten und Ressourcen in der Bemühung dazu auf, die Menschheit vor solch schrecklichen Konsequenzen zu bewahren. Es wird letztendlich zum Wohle Ihrer Nation sein, wenn Sie dies befolgen. Ich bete, dass alle Länder der Welt, große und kleine, diese Botschaft verstehen mögen.

Mit besten Wünschen und Gebeten,

Hochachtungsvoll,

Mirza Masroor Ahmad
Khalifatul Masih V.
Oberhaupt der weltweiten Ahmadiyya Muslim Gemeinschaft

Brief an den Premierminister des Vereinigten Königreichs

15. April 2012

Premierminister des Vereinigten Königreichs von Großbritannien und Nord-Irland
Rt. Hon. David Cameron
10 Downing Street, London
SW1A 2AA
Vereinigtes Königreich

Sehr geehrter Premierminister,

im Lichte der gefahrvollen und unsicheren Umstände, die die Welt zurzeit durchlebt, empfand ich es als nötig, Ihnen zu schreiben. Als Premierminister des Vereinigten Königreichs besitzen Sie die Autorität, Entscheidungen zu treffen, die nicht nur die Zukunft Ihrer Nation, sondern auch die Zukunft der gesamten Welt beeinflussen können. Heute braucht die Welt dringend Frieden, denn Funken von Krieg können in der ganzen Welt gesehen werden. Konflikte zwischen Nationen auf kleiner Ebene drohen in einen globalen Konflikt auszuarten. Wir beobachten, dass die Weltlage heute ähnlich der Situation im Jahre 1932 ist, sowohl ökonomisch als auch politisch. Es gibt viele weitere Ähnlichkeiten und Parallelen, die wenn man sie zusammennimmt, heute das gleiche Bild ergeben wie das, welches kurz vor dem Ausbruch des Zweiten Weltkrieges beobachtet wurde. Wenn diese Funken jemals wirklich angefacht werden, werden wir das schreckliche Szenario eines Dritten Weltkrieges sehen müssen. Angesichts zahlreicher Nationen, groß und klein, die nukleare Waffen besitzen, würde solch ein Krieg zweifelsohne atomare Kriegsführung mit einbeziehen. Die heute zur Verfügung stehenden Waffen sind so zerstörerisch, dass sie dazu führen könnten, dass Generationen um Generationen von Kindern mit ernsten genetischen oder physischen Defekten geboren werden würden. Japan ist jenes Land, das die abscheulichen Konsequenzen atomarer Kriegsführung erfahren hat, als es während des Zweiten Weltkrieges mit Nuklearbomben angegriffen wurde, die zwei seiner Städte auslöschten. Doch waren die Nuklearbomben, die zu jener Zeit benutzt wurden und weitverbreitete Zerstörung verursachten, sehr viel weniger kraftvoll als die Atomwaffen, die heute selbst bestimmte kleine Länder besitzen. Daher ist es die Pflicht der Supermächte, sich zusammen zu setzen, um eine Lösung zu finden, die Menschheit vom Rande des Desasters zu retten.

Große Angst verursacht das Wissen, dass die Nuklearwaffen in kleineren Ländern in den Händen kriegslüsterner Menschen landen könnten, die entweder nicht die Fähigkeit besitzen oder es vorziehen, nicht an die Konsequenzen ihrer Handlungen zu denken. Wenn die Großmächte nicht mit Gerechtigkeit agieren, nicht die Frustration kleiner Nationen eliminieren und sich nicht großartige und weise Strategien aneignen, wird die Situation vollkommen außer Kontrolle geraten, und die Zerstörung, die folgen wird, liegt außerhalb unseres Verständnisses und unserer Vorstellungskraft. Selbst die Mehrheit der Weltbevölkerung, die sich Frieden wünscht, wird von dieser Verwüstung verschlungen werden.

Daher ist es mein sehnlicher Wunsch und mein Gebet, dass Sie und die Führer aller großer Nationen diese schreckliche Realität begreifen, und anstatt sich aggressive Strategien anzueignen und Gewalt einzusetzen, um Ihre Ziele und Zwecke zu erreichen, sollten Sie sich darum bemühen, Strategien anzunehmen, die Gerechtigkeit fördern und sichern.

Wenn wir in die jüngste Vergangenheit blicken, regierte Britannien über viele Länder und hinterließ einen hohen Standard an Gerechtigkeit und Religionsfreiheit, insbesondere auf dem Subkontinent von Indien und Pakistan. Als der Gründer der Ahmadiyya Muslim

Gemeinde Ihrer Majestät, Königin Viktoria, zu ihrem diamantenem Jubiläum gratulierte und ihr die Botschaft des Islam übermittelte, betete er besonders zu Gott dafür, die Britische Regierung reichlich zu belohnen angesichts der Art und Weise, wie sie mit Gerechtigkeit und Gleichheit regierte. Er lobte die Britische Regierung außerordentlich für ihre gerechten Strategien und für die Gewährung der Religionsfreiheit. In der heutigen Welt herrscht die Britische Regierung nicht mehr über den Subkontinent, aber immer noch sind die Prinzipien der Religionsfreiheit fest in der Britischen Gesellschaft und ihren Gesetzen verankert, durch die jeder Person Religionsfreiheit und gleiche Rechte gewährt werden. Dieses Jahr wird das diamantene Jubiläum Ihrer Majestät, Königin Elizabeth II., gefeiert, welches Großbritannien eine Möglichkeit gibt, der Welt ihren Maßstab an Gerechtigkeit und Wahrheit zu demonstrieren. Die Geschichte der Ahmadiyya Muslim Gemeinde zeigt, dass wir immer diese Gerechtigkeit anerkannt haben, wann immer von Britannien dargelegt, und wir hoffen, dass auch in Zukunft Gerechtigkeit ein bezeichnendes Merkmal der Britischen Regierung bleiben wird, nicht nur in religiösen Angelegenheiten sondern in jeglicher Hinsicht; dass Sie niemals die guten Eigenschaften Ihrer Nation aus der Vergangenheit vergessen werden, und dass in der aktuellen Weltlage, Großbritannien seinen Anteil dazu beitragen wird, den Weltfrieden zu etablieren.

Es ist meine Bitte, dass wir auf jeder Ebene und in jeder Richtung unser bestmögliches versuchen müssen, die Flammen des Hasses und der Feindschaften auszulöschen. Nur wenn wir in dieser Bemühung erfolgreich sind, wird es uns möglich sein, unseren kommenden Generationen eine strahlendere Zukunft zu garantieren. Falls wir jedoch bei dieser Aufgabe versagen, sollten wir keine Zweifel daran haben, dass als Resultat nuklearer Kriegsführung unsere zukünftigen Generationen überall die schrecklichen Konsequenzen unserer Handlungen zu ertragen haben werden, und sie werden ihren Älteren nie vergeben, die Welt in eine globale Katastrophe geführt zu haben. Ich weise Sie erneut darauf hin, dass Großbritannien auch eines jener Länder ist, dass Einfluss ausüben kann und tut, sowohl in den Industrieländern als auch in den Entwicklungsländern. Sie können dieser Welt die Richtung weisen, so Sie es denn wollen, indem sie die Voraussetzungen von Gleichheit und Gerechtigkeit erfüllen. Daher sollten Großbritannien und andere Großmächte ihren Anteil dazu beitragen, den Weltfrieden zu etablieren. Möge Gott, der Allmächtige, Sie und andere Weltpolitiker dazu befähigen, diese Botschaft zu verstehen.

Mit besten Wünschen und Gebeten,

Hochachtungsvoll,

Mirza Masroor Ahmad
Khalifatul Masih V.
Oberhaupt der weltweiten Ahmadiyya Muslim Gemeinde

Brief an die Bundeskanzlerin der Bundesrepublik Deutschland

15. April 2012

Ihre Exzellenz
Bundeskanzlerin der Bundesrepublik Deutschland
Angela Merkel
Bundeskanzleramt
Willy-Brandt-Str.1
10557 Berlin

Sehr geehrte Bundeskanzlerin,

im Lichte der alarmierenden und äußerst besorgniserregenden heutigen Lage in der Welt, erachtete ich es als notwendig, Ihnen zu schreiben. Als die Bundeskanzlerin der Bundesrepublik Deutschland, eines Landes, welches erhebliche Macht und Einfluss in der Welt hat, besitzen Sie die Autorität, Entscheidungen zu treffen, die nicht nur die Zukunft Ihrer Nation, sondern auch die Zukunft der gesamten Welt beeinflussen können. Heute, wo die Welt in Blöcke unterteilt wird, Extremismus eskaliert und die finanzielle, politische und ökonomische Situation sich verschlechtert, besteht dringender Bedarf, jegliche Formen von Hass auszulöschen und die Grundlage für Frieden zu legen. Dies kann nur erreicht werden, indem die Gefühle jeder einzelnen Person respektiert werden. Da dies nicht richtig, wahrhaftig und wirksam umgesetzt wird, gerät die Weltlage in rasendem Tempo außer Kontrolle. Wir beobachten, dass die Voraussetzungen für Gerechtigkeit von den meisten Nationen nicht erfüllt werden, und als Ergebnis dessen ist schon die Basis für einen weiteren Weltkrieg gelegt worden. Zahlreiche Länder, sowohl große als auch kleine, besitzen mittlerweile Nuklearwaffen. Daher, falls ein Weltkrieg ausbricht, ist es wahrscheinlich, dass er nicht mit konventionellen Waffen ausgetragen werden wird, sondern mit Atomwaffen. Die Zerstörung, die aus einem nuklearen Konflikt resultieren wird, wird äußerst verheerend sein. Ihre Auswirkungen werden nicht nur auf die unmittelbaren Nachwirkungen begrenzt sein, sondern zukünftige Generationen werden unter den Langzeitauswirkungen leiden und mit ernsten medizinischen und genetischen Defekten geboren werden.

Daher ist es meine Überzeugung, dass zur Etablierung des Weltfriedens wahre Gerechtigkeit erforderlich ist, und die Gefühle und religiösen Bräuche aller Menschen geehrt werden sollten. Ich schätze es sehr, dass viele westliche Länder Menschen aus armen und unterentwickelten Nationen großzügig gestattet haben, sich in ihren jeweiligen Ländern niederzulassen, unter denen auch Muslime sind. Zweifellos gibt es eine Minderheit sogenannter Muslime, die sich völlig unangemessen verhält und Misstrauen in den Herzen der Menschen aus den westlichen Nationen schürt Es muss klar sein, dass deren Taten keinesfalls etwas mit dem Islam zu tun haben. Solche Extremisten lieben den Heiligen Propheten Muhammad[saw] nicht wirklich, der der Welt eine Botschaft des Friedens, der Liebe und der Versöhnung brachte. In der Tat sollten die Handlungen von lediglich einer Handvoll irregeleiteter Menschen nicht als Basis dafür verwendet werden, Einwände gegen unsere Religion zu erheben und die Gefühle der Mehrheit von aufrichtigen und unschuldigen Muslimen zu verletzen. Frieden in der Gesellschaft ist ein wechselseitiger Prozess und kann nur etabliert werden, wenn alle Parteien zusammen arbeiten in Richtung gegenseitiger Versöhnung. Aufgrund des Misstrauens in den Herzen der Menschen im Westen verschlimmert sich die Reaktion einiger Nicht-Muslime von Tag zu Tag und verursacht eine Kluft zwischen der muslimischen und nicht-muslimischen Welt, statt dass sich die Beziehungen zwischen Nationen und Menschen verbessern.

Wir beobachten, dass auf Basis irregeleiteter Handlungen bestimmter muslimischer Gruppierungen und Nationen den eigennützigen Interessen einiger Großmächte Vorzug gegeben wird vor Ehrlichkeit und Gerechtigkeit. Einige der mächtigen Länder der Welt wünschen sich, leichten Zugang zu erlangen zum Reichtum und den Ressourcen bestimmter Länder und wünschen sich, konkurrierende Länder davon abzuhalten, kompletten Zugang zu diesen selben Ressourcen zu haben. Deshalb werden oftmals Entscheidungen getroffen auf der Basis, den Menschen helfen zu wollen oder den Weltfrieden zu etablieren. Ferner ist ein großer Faktor, der den aktuellen politischen Umständen in der Welt zugrunde liegt, der ökonomische Abschwung, der uns in Richtung eines weiteren Weltkrieges zieht. Wenn wirklich die Wahrheit dargelegt werden würde, dann würden manche dieser Länder voneinander in gerechter Art und Weise Nutzen ziehen, indem ordentliche industrielle und wirtschaftliche Bande geknüpft werden, auf Grundlage ehrlicher Handlungsweise. Sie würden nicht versuchen, unrechtmäßigen Nutzen aus den beiderseitigen Ressourcen zu ziehen, sondern würden sich bemühen, zusammen zu kommen und einander gegenseitig zu unterstützen. Kurzum, die heute in der Welt vorherrschende Unordnung basiert auf einem vorrangigen Faktor, und dieser ist der völlige Mangel an Gerechtigkeit, welcher weitverbreitete Unruhe und Furcht verursacht.

Daher ist meine Bitte, dass Sie sich aufs beste darum bemühen, den Ausbruch eines Weltkrieges zu verhindern. Wenden Sie all Ihre Energie, Ressourcen und all Ihren Einfluss auf, um die Welt vor der fürchterlichen Zerstörung zu bewahren, die sich deutlich abzeichnet. Berichten zufolge wird Deutschland Israel drei hochentwickelte U-Boote zukommen lassen, die mit nuklearen Waffen bestückt werden könnten. Ein deutscher Professor hat erklärt, dass solch eine Entscheidung nur dazu beitragen wird, die ohnehin schon erhöhten Spannungen zwischen Israel und Iran weiter anzufachen. Wir dürfen nicht vergessen, dass nicht nur Großmächte der Welt nukleare Waffen haben sondern auch ziemlich kleine Länder mittlerweile Atomwaffen besitzen. Was besorgniserregend ist, ist dass in einigen dieser kleinen Länder die Herrscher kriegslüstern sind und unbesorgt scheinen, ob der Konsequenzen durch den Gebrauch solcher Waffen. Daher, einmal mehr, ist meine demütige Bitte an Sie, Ihr bestmöglichstes zu versuchen, den Weltfrieden zu etablieren. Falls wir in dieser Aufgabe versagen, sollten wir keine Zweifel darüber haben, dass ein nuklearer Konflikt eine Verheerung verursachen wird, die dazu führen wird, dass Generation um Generation mit Mängeln geboren werden werden, und sie niemals ihren Älteren dafür vergeben werden, sie in eine globale Katastrophe geführt zu haben. Möge Gott, der Allmächtige, Sie und alle Weltpolitiker dazu befähigen, diese Botschaft zu verstehen.

Mit besten Wünschen und Gebeten,

Hochachtungsvoll,

Mirza Masroor Ahmad
Khalifatul Masih V.
Oberhaupt der weltweiten
Ahmadiyya Muslim Gemeinde

Brief an den Präsidenten der Republik Frankreich

15. April 2012

Präsident der Republik Frankreich
Seine Exzellenz Nicolas Sarkozy
Palais de l'Elysee
55, Rue du Faubourg Saint-Honore
75008 Paris
Frankreich

Sehr geehrter Herr Präsident,

im Lichte der sich rasch verändernden Umstände in der Welt erachtete ich es als notwendig, Ihnen zu schreiben, denn als Präsident von Frankreich besitzen Sie die Autorität, Entscheidungen zu treffen, die nicht nur die Zukunft Ihrer Nation, sondern auch die Zukunft der gesamten Welt beeinflussen können. Ich glaube, dass die Regierungen der Welt sehr besorgt sein sollten über den momentanen Zustand der Welt. Ungerechtigkeiten und Feindseligkeiten zwischen Nationen und in der Welt im Allgemeinen drohen in einen globalen Konflikt auszuarten. Im letzten Jahrhundert wurden zwei Weltkriege ausgetragen. Nach dem Ersten Weltkrieg wurde der Völkerbund etabliert - dennoch wurde der Anspruch der Gerechtigkeit nicht erfüllt, welches konsequenterweise zum Zweiten Weltkrieg führte, der in Verwendung von Atombomben gipfelte. Anschließend wurden die Vereinten Nationen gegründet, um die Menschenrechte zu beschützen und den Weltfrieden zu bewahren. So wurden die Mittel zum Vermeiden von Kriegen berücksichtigt, dennoch können wir heute beobachten, dass das Fundament für einen Dritten Weltkrieg bereits gelegt wurde. Zahlreiche Länder, sowohl kleine als auch große, besitzen Atombomben. Besorgniserregend ist, dass manche der kleineren Atommächte verantwortungslos und ignorant ob der verheerenden Konsequenzen solcher Waffen sind. Es ist nicht unvorstellbar, dass wenn Nuklearwaffen eingesetzt werden, die schrecklichen Auswirkungen davon umgehend sichtbar werden und jener Tag dem Tag des Jüngsten Gerichts gleichen wird. Die heute vorhandenen Waffen sind derart zerstörerisch, dass sie dazu führen könnten, dass Generation um Generation von Kindern mit ernsten genetischen und physischen Defekten geboren werden würden. Es wird gesagt, dass in Japan, dem Land, das die verheerende Zerstörung von atomarer Kriegsführung erfahren hat, sich selbst nach Ablauf von sieben Jahrzenten immer noch die Auswirkungen der Atombomben in neugeborenen Kindern zeigen.

Daher ist es meine demütige Bitte, dass Sie sich aufs Äußerste darum bemühen, die Feindseligkeiten und das Misstrauen zwischen der muslimischen und nicht-muslimischen Welt auszumerzen. Einige europäische Länder hegen erhebliche Vorbehalte bezüglich der Lehren und Tradition des Islam und haben bestimmte Einschränkungen beschlossen, während andere noch darüber beraten, wie dies geschehen soll. Die Feindseligkeit, die einige extremistische, sogenannte Muslime bereits gegenüber dem Westen hegen, könnte dazu führen, dass sie auf unangemessene Art und Weise reagieren, was zu weiterer religiöser Intoleranz und Uneinigkeit führen würde. Der Islam hingegen ist eine friedliebende Religion, die uns nicht lehrt, Falsches zu tun, um etwas Falsches zu stoppen. Wir, die Ahmadiyya Muslim Gemeinschaft, folgen diesem Prinzip und glauben an friedliche Lösungen für alle Angelegenheiten.

Traurigerweise sehen wir, dass eine kleine Minderheit von Muslimen ein völlig verzerrtes Bild des Islam präsentiert und gemäß ihrem irregeleiteten Glauben handeln. Ich sage aus Liebe zum Heiligen Propheten Muhammad[saw], der eine „Barmherzigkeit für die gesamte Menschheit“ war, dass Sie nicht glauben sollten, dass jenes der wahre Islam sei, und daher solche irregeführten Handlungen nicht zum

Anlass dazu nehmen sollten, die Gefühle der friedlichen Mehrheit der Muslime zu verletzen. Kürzlich erschoss eine unbarmherzige und herzlose Person einige französische Soldaten im Süden Frankreichs ohne irgendeinen Grund, und dann einige Tage später betrat sie eine Schule und tötete drei unschuldige jüdische Kinder und einen ihrer Lehrer. Wir sehen solche Grausamkeiten auch regelmäßig in anderen muslimischen Ländern vorkommen und so liefern all diese Taten den Gegnern des Islam Brennstoff, um ihren Hass anzufeuern und eine Basis, auf der sie ihre Ziele auf großer Ebene verfolgen können. Als ein Muslim möchte ich absolut deutlich machen, dass der Islam keine Grausamkeit oder Unterdrückung in irgendeiner Art und Weise oder Form erlaubt. Der Heilige Koran hat das grundlose Töten einer unschuldigen Person gleich dem Töten der gesamten Menschheit erachtet. Dies ist eine Vorschrift, die absolut und ausnahmslos gilt. Der Koran erklärt weiterhin, dass selbst wenn irgendein Land oder Volk sich einem gegenüber feindselig verhält, dies einen nicht davon abhalten sollte, anders denn auf vollkommen gerechte und faire Art und Weise mit ihnen zu verfahren. Feindseligkeiten oder Rivalitäten sollten einen nicht dazu führen, Rache zu üben oder unverhältnismäßig zu handeln. Wenn gewünscht wird, Konflikte auf die beste Art und Weise zu lösen, so sollte sich darum bemüht werden, nach freundschaftlichen Lösungen zu suchen. Ich schätze es sehr, dass viele westliche Länder Menschen aus armen und unterentwickelten Nationen, unter denen auch Muslime sind, großzügig gestattet haben, sich in ihren jeweiligen Ländern niederzulassen. In der Tat leben viele Muslime in Ihrem Land und sind daher auch Ihre Bürger. Die Mehrheit ist gesetzestreu und aufrichtig. Darüber hinaus erklärt der Islam deutlich, dass die Liebe zum eigenen Land Teil des Glaubens ist. Die Ahmadiyya Muslim Gemeinde befolgt und verbreitet diese Botschaft in der ganzen Welt. Dies ist auch meine Botschaft für Sie, dass wenn die wahre Lehre

des Islam überall verbreitet wird, dann werden die Erfordernisse, Liebe zum eigenen Land zu zeigen und Frieden innerhalb jedes Landes und auch zwischen den Ländern, in der Welt etabliert bleiben.
Meine demütige Bitte an Sie und alle Führer in der Welt ist es, anstatt Gewalt anzuwenden, um andere Nationen zu unterdrücken, Diplomatie, Dialog und Weisheit einzusetzen. Die Großmächte der Welt, so wie Frankreich, sollten ihren Anteil dazu beitragen, Frieden zu etablieren. Sie sollten nicht die Handlungen kleinerer Länder als Basis nutzen, um die Harmonie in der Welt zu stören. Daher bitte ich Sie erneut darum, sich aufs Beste darum zu bemühen, zu verhindern, dass die großen und kleinen Mächte sich in einem Dritten Weltkrieg bekämpfen. Wir sollten keine Zweifel darüber hegen, dass wenn wir in dieser Aufgabe versagen, die Auswirkungen und Nachwirkungen solch eines Krieges nicht nur auf die armen Länder Asiens, Europas und Amerikas begrenzt sein werden, sondern unsere zukünftigen Generationen die schreckliche Konsequenzen unseres Handelns ertragen werden müssen und Kinder überall in der Welt mit Behinderungen geboren werden. Ich bete, dass die führenden Weltpolitiker mit Weisheit handeln mögen und nicht zulassen werden, dass beidseitige Feindschaften zwischen Nationen und Völkern auf kleiner Ebene in einen globalen Konflikt ausufern. Möge Gott, der Allmächtige, Sie und alle Weltpolitiker dazu befähigen, diese Botschaft zu verstehen.

Mit besten Wünschen und Gebeten,
Hochachtungsvoll,

Mirza Masroor Ahmad
Khalifatul Masih V.
Oberhaupt der weltweiten
Ahmadiyya Muslim Gemeinschaft

Brief an Ihre Majestät, die Königin des Vereinigten Königreichs und des Commonwealth

19. April 2012

Ihre Majestät, Königin Elizabeth II.
Königin des Vereinigten Königreichs und
der Gebiete des Commonwealth
Buckingham Palace
London, SW1A 1AA
Vereinigtes Königreich

Ihre Majestät,

als Oberhaupt der Ahmadiyya Muslim Gemeinschaft und im Namen von Millionen von Mitgliedern der Ahmadiyya Muslim Gemeinschaft weltweit möchte ich Ihrer Majestät, der Königin, meine herzlichen Glückwünsche aussprechen anlässlich des diamantenen Thron-Jubiläums. Wir sind Gott, dem Allmächtigen, außerordentlich dankbar dafür, dass Er uns ermöglicht hat, an dieser prächtigen Feierlichkeit teilzuhaben. Insbesondere erfreuen sich alle Ahmadi-Muslime, die Bürger des Vereinigten Königreichs sind, sehr und sind stolz auf dieses Ereignis des Diamantjubiläums. Daher, in ihrem Namen, übermittle ich Ihrer Majestät aufrichtige und herzliche Glückwünsche. Möge Gott, der Erhabene, unserer hochherzigen Königin fortwährend Freude und Zufriedenheit gewähren.

Ich ersuche Gott, den Ehrwürdigen, Der die Himmel und die Erde geschaffen und diese mit unzähligen Segnungen für unseren Unterhalt angereichert hat, dass Er unserer Königin, deren großzügige Herrschaft viele souveräne Staaten und Commonwealth Nationen umfasst, stets Frieden, Ruhe und Sicherheit gewährt. Genauso wie Ihre Majestät von all ihren Untertanen, alt und jung, geliebt und respektiert wird, so ist es unser Gebet, dass Ihre Majestät von den Engeln Gottes geliebt wird. Möge der allmächtige und allgewaltige Gott Ihre

Majestät reichlich Seine zahllosen spirituellen Gaben und Segnungen bescheren, so wie Er ihr weltliche Segnungen im Überfluss gewährt hat. Mögen alle Bürger dieser großartigen Nation durch diese Segnungen befähigt werden, den Höchsten Gebieter zu erkennen und in Liebe und Zuneigung miteinander zu leben. Mögen alle Bürger des Vereinigten Königreichs ungeachtet von Farbe, Überzeugung, Nationalität oder Religion einander Respekt und Ehre zeigen, in solchem Maße, dass die positiven Auswirkungen und Einflüsse dieser Einstellung sich über diese Ufer hinaus erstrecken und sich auch bis zu Völkern anderer Länder in der Welt verbreiten. Möge die Welt, von der heute ein Großteil in Kriegen, Unruhen und Feindseligkeiten verwickelt ist, stattdessen eine Stätte des Friedens, der Liebe, der Brüderlichkeit und der Freundschaft werden. Es ist meine feste Überzeugung, dass die Vision und Bemühungen Ihrer Majestät eine wichtige Rolle in der Erreichung dieser entscheidenden und allumfassenden Ziele spielen kann.

Im letzten Jahrhundert wurden zwei Weltkriege ausgetragen, in denen Millionen von Leben verloren wurden. Falls heute die Missstände zwischen Nationen weiterhin zunehmen, wird dies letztendlich zum Ausbruch eines weiteren Weltkrieges führen. Der wahrscheinliche Gebrauch von Nuklearwaffen in einem Weltkrieg wird bedeuten, dass die Welt Zeuge unsäglicher und schrecklicher Zerstörung werden wird. Möge Gott das Eintreten einer solchen Katastrophe verhindern und mögen alle Menschen der Welt Weisheit und Vernunft annehmen. Es ist meine demütige Bitten an Ihre Majestät, die freudvollen Feierlichkeiten des Diamantjubiläums zu nutzen, um zum Wohle der Menschheit alle Menschen daran zu erinnern, dass alle Nationen, ob groß oder klein, dazu kommen sollten, in gegenseitiger Liebe, Frieden und Harmonie zu leben.

In diesem Zusammenhang, anlässlich des glücklichen Ereignisses des

Diamantjubiläums, möchte ich Ihre Majestät auch demütig darum bitten, der Welt die Botschaft zu übermitteln, dass die Anhänger jeder Religion und selbst diejenigen, die nicht an Gott glauben, immer die Gefühle der Anhänger irgendeiner anderen Religion achten und respektieren sollten. Heutzutage herrschen in der Welt Missverständnisse über den Islam vor. Dies verletzt einerseits die Gefühle friedliebender Muslime, während es andererseits zu Verachtung und Misstrauen gegenüber dem Islam in den Herzen der Nicht-Muslime führt. Daher wäre es eine Tat großer Freundlichkeit und ein Gefallen für die Anhänger aller Religionen, und tatsächlich für die ganze Welt, wenn Ihre Majestät allen Menschen dazu raten würde, respektvoll gegenüber den Religionen und ihren Anhängern zu sein. Möge Gott, der Erhabene, unserer Königin Seine Hilfe und Unterstützung gewähren in Erfüllung dieses Zieles.

Wie ich am Anfang dieses Briefes erwähnte, bin ich das Oberhaupt der weltweiten Ahmadiyya Muslim Gemeinschaft. In dieser Hinsicht möchte ich einen sehr kurzen Überblick unserer Gemeinschaft bieten. Die Ahmadiyya Muslim Gemeinschaft ist der festen Überzeugung, dass der Verheißene Messias und Reformer, der gemäß den Prophezeiungen des Heiligen Propheten Muhammad[saw] und vergangener Propheten dazu bestimmt war, in diesem Zeitalter zu erscheinen, niemand anderes ist als Hadhrat Mirza Ghulam Ahmad aus Qadian[as]. Im Jahre 1889 gründete er eine reine und rechtschaffene Gemeinschaft - die Ahmadiyya Muslim Gemeinschaft. Sein Zweck, diese Gemeinschaft zu gründen, war, eine Beziehung zwischen Mensch und Gott zu etablieren und die Menschen dazu zu bewegen, die Rechte von einander zu erfüllen, so dass sie in gegenseitigem Respekt und Wohlwollen leben können. Als Hadhrat Mirza Ghulam Ahmad[as] 1908 verstarb, hatte er ungefähr 400.000 Anhänger. Nach seinem Ableben wurde gemäß göttlichem Willen das System des Kalifentums etabliert und zurzeit ist dieser demütige Diener Gottes der Fünfte Kalif des Verheißenen Messias[as]. Daher bemüht sich die Ahmadiyya Muslim Gemeinschaft darum, die Mission ihres Gründers in der ganzen Welt weiterzuführen. Unsere Botschaft ist die der Liebe, Versöhnung und Brüderlichkeit und unser Motto ist „Liebe für alle, Hass für keinen". In der Tat bringt dies die wunderschönen Lehren des Islam in wenigen Worten zusammengefasst zum Ausdruck.

Es ist an dieser Stelle angebracht zu erwähnen, dass es ein erfreulicher Zufall ist, dass in der Ära des Gründers der Ahmadiyya Muslim Gemeinde das Diamantjubiläum Ihrer Majestät, Königin Viktoria, gefeiert wurde. Zu jener Zeit schrieb der Gründer der Ahmadiyya Gemeinschaft ein Buch namens „Ein Geschenk für die Königin", in welchem er eine Glückwunschbotschaft an Königin Viktoria niederschrieb. In seiner Botschaft gratulierte Hadhrat Mirza Ghulam Ahmad[as] der Königin zu ihrem Diamantjubiläum und für die Art und Weise, wie all ihren Untertanen ihrer Herrschaft, eingeschlossen der Menschen auf dem Subkontinent Indien, Gerechtigkeit und Religionsfreiheit gewährt wurde und dass sie in Frieden lebten. Er legte die wunderschönen Lehren des Islam dar und beleuchtete den Zweck seiner Ankunft und seines Anspruches. Obwohl den Menschen des Subkontinents mittlerweile von der Britischen Regierung die Unabhängigkeit gewährt wurde, ist die Tatsache, dass in Großbritannien die Regierung Menschen verschiedenen Hintergrunds und verschiedener Religionen gestattet hat, hier zu leben und ihnen gleiche Rechte, Religionsfreiheit und die Freiheit, ihren Glauben auszudrücken und zu verbreiten, gewährt hat, ein klarer Beweis für Großbritanniens hohen Standard an Toleranz.

Heute leben Tausende von Ahmadi-Muslimen im Vereinigten Königreich. Viele von ihnen sind hierher geflohen, um Zuflucht zu suchen vor Verfolgung, der sie in ihren eigenen Ländern ausgesetzt sind. Unter der großzügigen Herrschaft Ihrer Majestät erfreuen sie sich eines friedlichen Lebens, in dem sie Gerechtigkeit und Religionsfreiheit erhalten. Für diese Großzügigkeit möchte ich unserer noblen Königin noch einmal meinen tiefen Dank aussprechen. Ich möchte meinen Brief mit folgendem Gebet für Ihre Majestät beenden, welches gewissermaßen das gleiche Gebet ist, welches vom Gründer der Ahmadiyya Muslim Gemeinschaft für Ihre Majestät, Königin Viktoria, gesprochen wurde:

> „O mächtiger und erhabener Gott! Halte unsere verehrte Königin durch Deine Gnade und Segnungen stets glücklich, so wie wir unter ihrer großzügigen und gütigen Herrschaft glücklich leben. Allmächtiger Gott! Sei freundlich und liebevoll zu ihr, so wie wir in Frieden und Wohlstand unter ihrer großzügigen und freundlichen Herrschaft leben."

Weiterhin bete ich, dass Gott, der Erhabene, unsere verehrte Königin leiten mag, auf eine Weise, die Ihm gefallen mag. Möge Gott, der Allmächtige, auch die Nachkommen Ihrer Majestät leiten, dass sie sich der Wahrheit verschreiben und auch andere dazu führen mögen. Mögen die Attribute von Gerechtigkeit und Freiheit die führenden Prinzipien der britischen Monarchie bleiben. Noch einmal gratuliere ich Ihrer Majestät herzlich zu diesem überaus freudigen Ereignis. Ich spreche unserer noblen Königin meine herzlichen und aufrichtigen Glückwünsche aus.

Mit besten Wünschen und Gebeten,
Hochachtungsvoll,

Mirza Masroor Ahmad
Khalifatul Masih V.
Oberhaupt der weltweiten Ahmadiyya Muslim Gemeinschaft

Brief an das Staatsoberhaupt der Islamischen Republik Iran

14. Mai 2012

Staatsoberhaupt der Islamischen Republik Iran
Ayatollah Syed Ali Hosseini Khamenei
Teheran, Iran

Sehr geehrter Ayatollah,

Assalamo aleikum wa rahmatullahi wa barakatohu

Allah, der Allmächtige, hat Ihnen ermöglicht, dem Islam im Iran zu dienen und zurzeit fungiert auch die iranische Regierung unter Ihrer Schirmherrschaft. Dies erfordert, dass wir uns aufs Äußerste darum bemühen, der Welt die richtigen islamischen Lehren zu übermitteln. Als Muslime sollten wir darum bemüht sein, der Welt zu lehren, in Frieden, Liebe und Harmonie zu leben. Insbesondere müssen die muslimischen Führer dringend darauf achten. Aus diesem Grund ist es meine Bitte an Sie, die Aufmerksamkeit Ihrer Regierung auf deren Verantwortungen bezüglich der Etablierung des Weltfriedens zu lenken. Falls der Iran angegriffen wird, hat er das Recht, sich zu verteidigen, um das Land zu retten, dennoch sollte er nicht Aggressionen anstiften und nicht den ersten Schritt in Richtung irgendeines Konfliktes tun. Stattdessen sollten Anstrengungen unternommen werden, religiöse Differenzen beiseite zu lassen und zu versuchen, sich auf gemeinsame Werte zu einigen. Es ist eben diese Einstellung, die wir in der Geschichte des Islam vorfinden.
Ich schreibe Ihnen diesen Brief aus dem Grund, dass ich ein Glaubender an und der Nachfolger und Kalif des Verheißenen Messias und Imam Mahdi[as] bin, dessen Ankunft in diesem Zeitalter vom Heiligen Propheten Muhammad[saw] prophezeit wurde. Die Gemeinschaft, die er etablierte, ist bekannt als die Ahmadiyya Muslim Gemeinde. Durch

die Gnade Allahs ist die Gemeinschaft mittlerweile in 200 Ländern der Welt verbreitet und hat Millionen von treuen Anhängern rund um den Erdball. Es ist unser inbrünstiger Wunsch, die Welt dahin zu führen, in gegenseitiger Liebe und Frieden zu leben. Zu diesem Zwecke erbitte ich die Aufmerksamkeit von Menschen aller Gesellschaftsschichten. So schrieb ich kürzlich an den Premierminister von Israel, den Präsidenten der Vereinigten Staaten von Amerika und auch anderen Weltpolitikern. Ich habe diesbezüglich auch Papst Benedikt XVI. geschrieben.

Als spiritueller Führer einer großen islamischen Nation hoffe ich, dass Sie zustimmen werden, dass wenn die gesamte muslimische Gemeinschaft sich vereint und zusammen arbeitet, der Weltfrieden etabliert werden kann. Wir sollten nicht zwecklos Feindschaften und Groll anfachen, sondern nach Möglichkeiten suchen, Frieden und Ruhe zu etablieren. Weiterhin sollten selbst Feindseligkeiten oder Opposition gegenüber anderen nicht frei von Gerechtigkeit sein. Dies ist, was uns im Heiligen Koran gelehrt wurde:

> „O die ihr glaubt! Seid standhaft in Allahs Sache, bezeugend in Gerechtigkeit! Und die Feindseligkeit eines Volkes soll euch nicht verleiten, anders denn gerecht zu handeln. Seid gerecht, das ist näher der Gottesfurcht. Und fürchtet Allah; wahrlich, Allah ist kundig eures Tuns.“ *(Sura Al Maidah, 5:Vers 9)*

Möge Allah die gesamte muslimische Ummah und alle muslimischen Regierungen befähigen, meine Botschaft zu verstehen, so dass sie sich darauf vorbereiten mögen, ihre jeweilige Rolle zu spielen, in der Bemühung, Frieden in der Welt zu etablieren.

Es ist meine Liebe für die Menschheit, herausentwickelt aus einer Liebe für die gesamte muslimische Gemeinschaft, und auch weil ich selbst Mitglied der Gemeinschaft der „Barmherzigkeit für die gesamte

Menschheit“ bin, die mich dazu geführt hat, diesen Brief zu schreiben. Möge Allah die Führer in der Welt dazu befähigen, meine Worte zu verstehen und mögen sie aktiv ihren Anteil dazu beitragen, den Weltfrieden zu etablieren. Andernfalls, wenn die Hast und Rücksichtslosigkeit irgendeiner Nation zu einem ausgewachsenen Krieg zwischen zwei Nationen führt, wird solch ein Konflikt nicht nur auf jene Länder begrenzt bleiben, sondern die Flammen des Krieges werden die ganze Welt erfassen. Daher ist es vollkommen plausibel, dass ein Weltkrieg ausbrechen wird, welcher nicht mit konventionellen Waffen ausgetragen werden wird, sondern mit Atomwaffen. Ein nuklearer Krieg wird in solch schrecklichen und verheerenden Konsequenzen enden, dass dessen Auswirkungen nicht nur die zu jener Zeit in der Welt anwesenden betreffen werden, sondern die Langzeitauswirkungen eines solchen Krieges würden den zukünftigen Generationen das schreckliche „Geschenk“ bescheren, mit Behinderungen und Defekten geboren zu werden. Aus diesem Grunde sollte kein Land annehmen, dass es vor der bevorstehenden Zerstörung sicher sei.
Daher bitte ich Sie erneut, im Namen Allahs und Seines Gesandten und aus Mitgefühl und Liebe für die Menschheit, Ihren Anteil an der Etablierung von Frieden in der Welt beizutragen.

Mit besten Wünschen und Gebeten,

Wassalam,
Hochachtungsvoll,

Mirza Masroor Ahmad
Khalifatul Masih V.
Oberhaupt der weltweiten
Ahmadiyya Muslim Gemeinschaft

Stichwortverzeichnis

Symbole

1932

A

Abdullah bin Abdul-Aziz Al Saud 233
Ahmadinejad 76, 215
Ahmadiyya Muslim Jamaat 13, 15, 45, 54, 63, 64, 66, 75, 77, 81, 295, 297, 302
Ahmadiyya-Werte 96
Allah 12, 13, 16, 34, 36, 53, 54, 75, 199, 201, 203, 216, 217, 234, 236, 281, 282, 283, 293
Anarchie 65
Angst 65, 70, 71, 73, 201, 250
Anti-Ahmadiyya-Gesetze 48

B

baghiya 51, 52
Bankrott 40
Barmherzigkeit 12, 35, 64, 69, 75, 77, 266, 282, 298
Bibel 200
Bildung 37, 152, 208, 297, 298
Brüderlichkeit 66, 78, 82, 203, 242, 274, 276
Brüssel 113, 117
Bundeskanzlerin 255, 257
Bundesrepublik Deutschland 255, 257

C

Chaos 100, 108, 109
China 18, 239, 241, 242

D

Dankbarkeit 15, 81, 82
Demokratie 88, 92, 95, 96, 146
Demut 15, 16, 18
Deutschland 13, 45, 57, 118, 137, 144, 149, 154, 157, 255, 257, 259, 297, 302
Dialog 16, 103, 208, 217, 222, 229, 268
Diplomatie 17, 108, 217, 222, 228, 229, 268
Diskriminierung 50, 67, 92, 96
Doppelmoral 46, 130, 216
Dr. Charles Tannock MEP 117

E

Ehemann 152
Ehre 78, 144, 147, 152, 201, 274
Einheit 13, 113, 121, 126, 127
Erbe 148
Erbschaft 152
Ethnie 129
Europa 117, 118
Europäischen Parlament 117
Extremismus 32, 77, 257

F

Fairness 66, 67, 104
Feindschaft 16, 34, 35, 104, 216, 217, 234
Frankreich 263, 265, 268
Frauen 65, 79, 144, 152
Freiheit 12, 29, 39, 81, 276, 277
Freundschaft 63, 274
Frieden 5, 6, 11, 15, 16, 18, 27, 28, 30, 32, 33, 34, 35, 36,

37, 40, 41, 49, 52, 55, 57, 63, 64, 65, 66, 67, 68, 69, 73, 75, 76, 78, 79, 80, 81, 82, 96, 97, 99, 100, 101, 102, 103, 104, 105, 107, 108, 109, 200, 201, 203, 209, 216, 221, 222, 227, 233, 234, 235, 242, 249, 250, 257, 258, 268, 273, 274, 276, 277, 281, 282, 283, 293, 297, 298
Führung 11, 15, 18, 208, 241, 297

G

Geduld 52
Gehorsam 54, 207
Gerechtigkeit 11, 12, 15, 16, 17, 18, 29, 30, 31, 32, 33, 34, 36, 37, 39, 57, 66, 67, 68, 69, 73, 80, 88, 95, 96, 97, 100, 102, 103, 104, 105, 107, 108, 109, 110, 202, 203, 209, 215, 217, 221, 222, 227, 235, 250, 251, 252, 257, 258, 259, 265, 276, 277, 282, 298
Gesetze 33, 39, 47, 48, 52, 56, 57, 68
Gewalt 16, 54, 96, 97, 208, 209, 217, 222, 229, 250, 268
Gewaltfreiheit 88, 95, 96
Gier 35, 37, 51
Gleichheit 12, 18, 29, 34, 36, 67, 104, 222, 227, 235, 251, 252
Gnade 12, 82, 199, 207, 216, 217, 277, 282
Gott 11, 12, 15, 17, 18, 28, 29, 32, 33, 37, 38, 39, 40, 41, 46, 47, 48, 52, 57, 64, 69, 77, 78, 82, 102, 103, 199, 203, 209, 217, 222, 223, 228, 229, 242, 251, 252, 260, 268, 273, 274, 275, 277, 297, 298
Gottesgesetz 47
Grausamkeit 35, 39, 49, 50, 55, 57, 68, 79, 80, 108, 267
Großbritannien 18, 27, 73, 249, 251, 252, 276
Güte 78, 148, 150

H

Handelsabkommen 106
Harmonie 28, 68, 76, 104, 122, 123, 201, 203, 223, 229, 242, 243, 268, 274, 281
Hass 31, 32, 70, 72, 79, 104, 119, 120, 124, 128, 217, 235, 257, 267, 276
Hautfarbe 129
Heilige Prophet 11, 34, 48, 103, 217
Heilige Prophet[saw] 11
Heimatland 13, 27, 45
Heuchelei 46
Hoffnungslosigkeit 126

I

Identitätsbildung 103
Immigranten 124, 125, 126
Indien 29, 62, 73, 241, 250, 276
Integration 143, 148, 154
Intoleranz 266
Iran 16, 74, 76, 208, 213, 215,

216, 217, 235, 259, 279, 281
Islam 6, 11, 27, 28, 29, 30, 31, 32, 33, 34, 35, 45, 46, 47, 48, 49, 50, 51, 52, 53, 54, 55, 77, 78, 79, 80, 81, 101, 103, 104, 105, 107, 199, 200, 233, 234, 235, 241, 243, 251, 258, 266, 267, 268, 275, 281, 297, 298
Israel 16, 76, 130, 205, 207, 217, 235, 241, 259, 282

J

Japan 70, 71, 72, 250, 266

K

Kababir 241
Kalifentum 28
Kanada 62, 225, 227, 228, 229
Katastrophe 16, 18, 29, 208, 223, 229, 235, 252, 260, 274
Khamenei 281
Kirche 200
Koran 31, 33, 34, 35, 37, 40, 47, 54, 55, 67, 77, 78, 79, 80, 101, 103, 104, 105, 108, 199, 200, 216, 243, 267, 282, 293, 298
Kreditklemme 39, 40
Kreditkrise 126
Krieg 40, 54, 65, 69, 70, 71, 72, 74, 103, 108, 208, 243, 249, 283
Krise 15, 38, 39, 40

L

Lahore 96
Landesgesetz 47
liberal 201
Liebe 11, 13, 27, 43, 45, 46, 47, 48, 49, 50, 51, 52, 53, 54, 55, 56, 57, 63, 64, 66, 77, 78, 82, 117, 119, 120, 121, 123, 125, 127, 129, 131, 133, 135, 143, 147, 148, 154, 200, 201, 203, 233, 234, 242, 258, 266, 267, 268, 274, 276, 281, 282, 283
Liebe für alle, Hass für keinen 276
Loyalität 13, 45, 46, 47, 48, 49, 50, 51, 52, 53, 54, 56, 57

M

Madina Al Munawwarah 233
Makkah Al Mukarramah 233
Mao Tse Tung 242
Martin Schulz 120
Massenvernichtungswaffen 38, 202, 223, 229
Mehrheitsgesellschaft 125
Mekka 34
Mensch 15, 18, 33, 37, 78, 104, 200, 202, 275, 298
Menschenrechte 88, 92, 95, 96, 118, 265, 298
Menschheit 11, 17, 18, 29, 38, 51, 56, 65, 69, 75, 76, 77, 80, 96, 97, 99, 201, 202, 207, 216, 217, 222, 228, 234, 241, 242, 243, 250, 266, 267, 274, 282, 283
Merkel 257
Messias 25, 28, 75, 77, 81, 82,

100, 101, 207, 217, 234, 241, 275, 276, 281, 295, 298
Mirza Ghulam Ahmad[as] 11, 241
Moral 242
Moschee 16, 25, 61, 201, 216, 234, 302
Muhammad-Karikaturen 31
Muhammad[saw] 11, 48, 293
Muslim 5

N

Nation 53, 54, 55, 56, 64, 67, 80, 108, 207, 208, 215, 216, 221, 227, 242, 244, 249, 251, 257, 265, 274, 282, 283
Nationalität 46, 68, 129, 242, 274
Natur 29, 39
Neid 37, 65
Netanjahu 76
Nuklearwaffen 73, 202, 221, 223, 227, 229, 250, 257, 266, 274

O

Obama 17, 76, 89, 221
Offenbarung 207
Offenherzigkeit 27, 124
Opferbereitschaft 200

P

Pakistan 29, 48, 49, 50, 79, 90, 91, 92, 96, 250, 297
Palästina 130, 235
Papst 76, 197, 199, 282
Partei 31, 36, 53, 108
Patriotismus 48
Politik 17, 29, 53, 91, 100, 103, 222, 228
Pressekonferenz 119
Propheten 11, 31, 32, 33, 35, 46, 54, 75, 77, 78, 199, 200, 201, 207, 216, 217, 235, 241, 258, 266, 275, 281, 293
Prophetentum 207

Q

Qadian 241, 275
Queen Elizabeth II 81
Queen Victoria 29, 81, 82
Qur-ân 31, 33, 34, 35, 37, 40, 199, 200, 243, 267, 282, 293, 298

R

Rache 34, 36, 80, 109, 267
Rebellion 51, 52, 107
Rechtschaffenheit 15, 16, 32, 34, 105, 150, 200, 216, 234
Reformer 27, 100, 101, 241, 275
Regierung 29, 30, 33, 37, 48, 52, 53, 56, 65, 68, 71, 74, 81, 91, 108, 124, 145, 146, 147, 154, 207, 251, 276, 281
Regierungsgewalt 53, 66
Religion 31, 33, 47, 49, 52, 64, 68, 78, 92, 93, 94, 101, 199, 200, 242, 258, 266, 274, 275, 298
Religionsfreiheit 81, 88, 89, 90, 91, 92, 93, 94, 95, 96, 146, 154, 250, 251, 276, 277
Religionsführer 65
religiöse Freiheit 29, 81
Respekt 15, 78, 274, 275
Revolution 242
Rezession 126

S

Sarkozy 265
Satan 40, 202
Saudi Arabien 231, 233, 235
Schöpfer 11, 16, 17, 57, 64, 202, 203, 222, 228, 298
Schwert 33
Segnungen 293
Selbstmordattentäter 31
Selbstverteidigung 217
Selbstzerstörung 17, 202, 222, 228
Sicherheit 15, 52, 57, 90, 118, 121, 122, 123, 129, 131, 273
Sicherheitsrat 67, 90, 104
Simon Peres 207
Staatsbürgerschaft 144
Staatsfeind 145
Staatsfreiheit 55
Sünde 16, 216, 234
Supermacht 242, 243

T

Terror 71
Terrorismus 38, 77
Terroristengruppen 65, 77
Toleranz 120, 201, 276
Torah 209
Treue 46, 47, 48, 145, 147, 209
Treuhandschaft 53
Tschernobyl 71
Tsunami 71

U

U-Boote 259
UN 102, 103
Unabhängigkeit 55, 276
Uneinigkeit 17, 222, 228, 266
Ungerechtigkeit 39, 57, 68, 128, 129, 130, 216
Ungleichheit 100, 102, 104
Unordnung 100, 107, 216, 259
Unparteilichkeit 108
Unterdrückung 48, 55, 80, 209, 222, 229, 267, 298
Untergang 202
Unzufriedenheit 17, 222, 228
Urteil 53
Urteilsvermögen 101

V

Verantwortung 53, 126, 127, 128, 131, 203
Vereinigte Königreich 72
Vereinigten Staaten 87, 89, 90, 94, 96, 97, 110, 129, 132, 219, 221, 222, 223, 282
Vereinten Nationen 67, 103, 104, 106, 242, 265
Verfolgung 49, 50, 96, 97, 276
Vergangenheit 29, 30, 38, 131, 250, 251
Verhandlungsgeschick 217
Verheißene Messias 75, 77, 81, 82, 101, 275
Vernunft 38, 274, 297
Verräter 145
Versöhnung 108, 200, 242, 258, 276
Vetorecht 132, 242
Viktoria 251, 276, 277
Völkerbund 102, 265

W

Wahlstimme 53
Wahrhaftigkeit 15, 56, 105
Weisheit 18, 222, 229, 243, 268, 274
Weltfrieden 18, 88, 95, 96, 99, 101, 102, 107, 209, 222, 229, 234, 243, 251, 252, 259, 260, 265, 282, 283
Weltkrieg 15, 17, 28, 29, 35, 69, 71, 72, 74, 102, 201, 202, 208, 215, 216, 221, 222, 223, 227, 228, 235, 242, 257, 265, 268, 274, 283
Weltkrise 5, 6, 11, 23, 27
Weltwirtschaftskrise 17, 222, 228
Westen 125, 126, 127, 234, 258, 266
Wirtschaft 54
Wissenschaft 129
Wohlstand 11, 277
Würde 15, 78, 147, 152, 201

Z

Zabur 208
Zerstörung 11, 30, 37, 51, 54, 64, 69, 70, 73, 74, 103, 109, 201, 202, 203, 208, 222, 227, 228, 243, 250, 257, 259, 266, 274, 283
Zinsen 40
Zorn 69, 209
Zukunft 16, 18, 30, 70, 76, 102, 207, 208, 215, 221, 223, 227, 229, 235, 249, 251, 257, 265
Zwang 33, 49, 200
Zweiten Weltkrieg 15, 17, 71, 72, 74, 102, 202, 222, 227, 228, 235, 265

Anmerkungen des Herausgebers

Gemäß unserer Zählweise wird der Vers *Bismillah irrahman ir-rahiem* (im Namen Allahs, des Gnädigen, des immer Barmherzigen) stets als erster Vers eines Koran-Kapitels (Sura) gezählt. Einige Herausgeber von Koran-Ausgaben beginnen mit der Zählung erst nach *Bismillah irrahman irrahiem*. Sollte der Leser den Vers also nicht unter der in diesem Buch wiedergegebenen Nummer finden, sei es ihr oder ihm geraten, von der Zahl Eins abzuziehen.
Die folgenden Abkürzungen wurden verwendet. Leser werden gebeten, die vollständigen Formeln zu gebrauchen:

saw *„sallallahu alaihi wa sallam“* bedeutet: *„Frieden und Segnungen Allahs seien auf ihm“* und wird im Anschluss an den Namen des Heiligen Propheten Muhammad[saw] gebetet.

as *„alaihis salam“* bedeutet: *„Friede sei auf ihm“* und wird im Anschluss an die Namen von allen übrigen Propheten gebetet.

ra *„radi-Allahu anhu/anha/anhum“* bedeutet: *„Möge Allah Gefallen an ihm/ihr/ihnen haben“* und wird im Anschluss an die Namen der Gefährten des Heiligen Propheten Muhammad[saw] oder des Verheißenen Messias[as] gebetet.

rh *„rahmatullah alaih“* bedeutet: *„Möge Allah ihm gnädig sein“* und wird im Anschluss an die Namen von verstorbenen frommen Muslimen gebetet, die keine Gefährten des Heiligen Propheten Muhammad[saw] oder des Verheißenen Messias[as] waren.

Zum Autor

Seine Heiligkeit Mirza Masroor Ahmad[atba]
Fünfter Kalif des Verheißenen Messias und
Oberhaupt der Ahmadiyya Muslim Jamaat

Seine Heiligkeit Mirza Masroor Ahmad[atba] ist der fünfte Kalif der weltweit aktiven Ahmadiyya Muslim Jamaat. Der Kalif ist das geistige Oberhaupt von mehreren zehn Millionen Mitgliedern weltweit, darunter ca. dreißig Tausend in Deutschland Lebenden. Er wurde 1950 in Rabwah, der weltweiten Gemeindezentrale in Pakistan, geboren. 1976, nach der Erlangung des akademischen Grades des Masters of Science in Agrarwirtschaft, verpflichtete er sich der Gemeinde und wurde sodann vom damaligen Kalifen nach Ghana beordert, um in einem der zahlreichen humanitären Projekte der Gemeinde in Afrika u. a. die Agrarwirtschaft im Lande zu verbessern. Unter seiner Führung gelang es einem Team dann auch, zum ersten Mal in Ghana Weizen anzubauen, was als ein Meilenstein in der landwirtschaftlichen Entwicklung Ghanas angesehen wird. 1985 kehrte er nach Pakistan zurück und bekleidete dort in der Gemeinde leitende Ämter im Bereich der Finanzen, Bildung und Erziehung. Am 22. April 2003 wurde er schließlich zum Khalifatul Masih V, dem 5. Nachfolger des Verheißenen Messias[as], gewählt.

Kein weltlicher Anspruch

Im Kontext eines um sich greifenden falschen Verständnisses des Islam, gilt zu erwähnen, dass der Kalif eine völlig apolitische Institution repräsentiert. Rein geistig und bedingungslos friedlich ruft das spirituelle Oberhaupt in seinen weltweit ausgestrahlten Ansprachen zum Frieden in der Welt auf, wobei im Vordergrund steht, dass individueller, nationaler und globaler Frieden ohne eine Hinwendung zu Gott nicht gelingen kann. Abseits blindem und irrationalem Dogmatismus liegt der Fokus jedoch auf ein Religionsverständnis, dass durch eine Symbiose von Glauben und Vernunft glänzt und dadurch in der geistigen Welt einen revolutionären Anspruch hegt.

Für was steht der Kalif ein?

Bedenkt man die unheilige Rolle, die sogenannte Muslime in der Welt spielen, ist das Verdienst des Kalifen für ein friedliches und gerechtes Miteinander nicht zu unterschätzen. Es tritt ein für

- Überbringung der Botschaft des Verheißenen Messias des Islam, wonach individueller, sozialer und internationaler Frieden nur durch eine Hinwendung zu unserem Schöpfer möglich ist. Dabei ist die Verbindung zwischen Mensch und Gott lebendig, denn Gott offenbart sich nach wie vor dem Menschen und Erlösung ist nur möglich, wenn der Mensch tatsächliche Erkenntnis von Gottes Wesen gewinnt.
- Barmherzigkeit gegenüber allen Menschen
- absolute Gerechtigkeit
- Gegen die Unterdrückung der Frau und für Gleichwertigkeit zwischen den Geschlechtern
- Trennung von Staat und Religion
- Menschenrechte, so wie sie im Koran festgelegt sind.
- Zugang und Förderung zu Bildung für die gesamte Weltbevölkerung

Kontaktadressen

Bei Fragen stehen wir Ihnen gerne zur Verfügung:

Ahmadiyya Muslim Jamaat e.V. in Deutschland
Genferstrasse 11
60437 Frankfurt am Main, Deutschland
Tel.: +49 (0)69 50 68 87 41
Fax: +49 (0)69 50 68 87 43
www.ahmadiyya.de
E-Mail: kontakt@ahmadiyya.de

Ahmadiyya Muslim Jamaat Schweiz
Mahmud Moschee
Forchstrasse 323
8008 Zürich, Schweiz
Tel.: +41 (0)44 381 55 70
Fax.: +41 (0)44 382 21 81
www.ahmadiyya.ch
E-Mail: info@ahmadiyya.ch

Ahmadiyya Muslim Gemeinde Österreich e.V.
Sandrockgasse 22
A-1240 Wien, Österreich
Tel.: +43 1 26 46 391
Fax: +43 1 31 77 391
www.ahmadiyya.at
E-Mail: office@ahmadiyya.at